数据驱动赋能流程管理

程继辉　王胜满　宋　楠◎ 著

吉林科学技术出版社

图书在版编目（CIP）数据

数据驱动赋能流程管理 / 程继辉，王胜满，宋楠著
. -- 长春 : 吉林科学技术出版社，2021.8
ISBN 978-7-5578-8479-6

Ⅰ．①数… Ⅱ．①程… ②王… ③宋… Ⅲ．①企业信
息化—企业管理 Ⅳ．①F270.7

中国版本图书馆 CIP 数据核字(2021)第 157126 号

数据驱动赋能流程管理
SHUJU QUDONG FUNENG LIUCHENG GUANLI

著	程继辉	王胜满 宋 楠
出 版 人	宛 霞	
责任编辑	李永百	
幅面尺寸	185mm×260mm 1/16	
字 数	268 千字	
印 张	11.75	
版 次	2022 年 8 月第 1 版	
印 次	2022 年 8 月第 1 次印刷	

出 版 吉林科学技术出版社

发 行 吉林科学技术出版社

地 址 长春市净月区福祉大路 5788 号

邮 编 130118

发行部电话/传真 0431-81629529 81629530 81629531
81629532 81629533 81629534

储运部电话 0431-86059116

编辑部电话 0431-81629518

印 刷 北京四海锦诚印刷技术有限公司

书 号 ISBN 978-7-5578-8479-6

定 价 50.00 元

前　言

　　流程管理是对流程的全周期管理，包括流程的规划、拟定、发布、宣传、贯彻、执行、优化、废止的全过程。流程管理的主要目的包括两个方面:一是提升企业流程的成熟度水平，使企业流程管理水平可度量，让管理者充分了解自己所管理业务的成熟状况;二是流程的执行，这是一个经常被忽视的区域，流程执行不到位，管理者负有不可推卸的责任。

　　伴随遥感、云计算、移动技术、物联网等高新技术的快速发展、融合，导致了数据的指数增长和海量聚集，这种现象被称为"大数据"。大数据引发消费者需求内容、结构和方式发生了巨大改变，企业想要获得竞争优势需要利用大数据驱动组织持续创新。目前组织创新的研究主要集中在技术创新上，对于商业模式创新的研究较少。技术创新能够促进企业成长并提高利润，但随着大数据的快速发展缩短了企业间的技术差距，企业技术创新难度增大。商业模式创新是撬动技术创新价值的重要方法，两者共同助力于组织绩效提升。大数据可以改变"游戏规则"，企业的成功不仅仅取决于新技术，而且取决于如何利用大数据来进行商业模式创新。因此，在这种情况下数据驱动赋能流程管理显得尤为重要。

　　本书围绕数据驱动赋能流程管理展开研究，以企业与企业管理理论为切入点，论述企业的内涵及理论、企业管理及其内容与方法，重点探讨企业人力资源管理与数据化管理变革，对企业运营管理与流程管理、企业信息化模式构建与ＥＲＰ系统实施、基于数据驱动的企业信息化管理新模式以及数据驱动企业管理创新与发展展望等相关内容也进行了探讨。全书结构清晰，内容丰富，理论与实践相结合，是一本值得认真学习的著作。

　　本书的撰写得到了许多专家学者的指导和帮助，在此表示诚挚的谢意。由于笔者水平有限，加之时间仓促，书中有不尽如人意处在所难免，欢迎各位积极批评指正，笔者会在日后进行修改，以飨读者。

目　录

第一章 企业与企业管理初探

第一节 企业的内涵及其理论透视

一、企业的内涵

企业是从事生产、流通、服务等经济活动，以产品或劳务来满足社会需要并获取盈利，自主经营，自负盈亏，依法设立的经济组织。

基于不同角度，企业具有不同的特征，具体如下：

（一）从历史角度看，企业是社会生产力发展的必然结果

在人类社会的发展历史中，人们的社会劳动总是在一定的劳动组织形式下进行的，不同的是劳动组织形式是与特定的生产力水平和社会生产关系相适应的。企业则是社会生产力发展到一定阶段的产物。

在生产力水平极为低下的原始社会，劳动组织采用的是以血缘关系为纽带的氏族，氏族中人们共同劳动、共同分配。奴隶社会生产力水平有所提高，氏族社会被奴隶主庄园所取代，出现了严酷压迫和监督的奴隶制，奴隶主无偿占有奴隶的劳动成果。封建社会是一种自给自足的经济，生产力水平得到很大提高，劳动工具的进步和劳动力素质的改善，使劳动组织分解为以家庭为单位的小型组织。封建社会后期，随着生产力的发展，社会分工的深化，家庭工业发展起来，出现企业的最初萌芽简单协作的手工工场组织。

19世纪的工业革命促进社会生产方式由手工生产向机器生产过渡，形成了以工厂制度为基础的企业劳动组织形式，劳动形成了完整的作业流程，按照产品、工艺组成车间、班组，形成智能化的组织结构，新的劳动组织形式——近代企业诞生了。19世纪末20世纪初流水生产组织的出现，促成了大机器生产时代的形成，导致企业的劳动分工更为细化，

企业的社会化程度空前提高，企业的规模迅速扩大，现代企业由此产生并进入了迅速发展的时期。

现代企业的"现代"是就适应现实生产力发展而言的，是动态的、不断发展的概念。在近一百年的时间里，现代企业的发展更加成熟和完善，主要特征表现在以下几点：

第一，企业的规模不断发展，寻求规模经济的最大化。传统企业受地域范围的制约，企业的发展规模受到限制。而经济全球化，则为企业的发展提供了无限的空间。现代企业通过资本内部积累、资本市场融资、对外投资并购、组建战略联盟等现代资本运作手段，实现了规模的扩大。企业规模经济的发展使产品成本低、质量好，增强了企业驾驭市场的能力。因此，将企业规模做大、做强，几乎成了每一位企业家追求的目标。我国的企业家也不例外，一批具备较强实力的企业也纷纷把进入世界 500 强作为自己的计划目标，即使无望进入世界级或国家级大型企业行列的较小企业，也在为成为行业中的"老大"或地区的"龙头"而奋斗。现代企业的高效率、低成本、高效能是传统企业无法比拟的。

第二，企业社会化程度高，有广泛、密切的外部联系。由于科学技术的进步和生产社会化的发展，现代企业生产经营活动是在各种不同的分工方式基础上建立起来的，极为普遍的现象是单独一个企业不能完成一个产品或服务的全部过程，一个企业进行生产所需要的工具、设计、原材料以及多种元器件、零部件，要由许多企业提供。同时，每个企业也要用自己能够提供的产品或劳务为其他企业服务。企业间联系的普遍性和紧密性，使它们建立起多种合作形式。母子公司、集团企业、企业联盟供应链一体化等新型企业组织形式以及产业重组都迅猛地发展起来。现代企业已成为市场资源配置的主体。

第三，企业的知识化、信息化、网络化和虚拟化打破了传统企业的组织边界。随着信息革命和知识经济时代进程的发展，现代企业正走向知识化、信息化、网络化和虚拟化。企业的资产结构发生了很大变化，知识资本代替货币资本成为企业的核心资产。学习型组织、知识型企业建设成为时代特征。企业借助外部资源，利用电子技术、信息技术和网络技术，快速反应，通过整合来满足市场多变的需求，打破传统企业内部的层次和部门界限，拆掉传统企业间的围墙，组织形式虚拟化，产业发展联盟化。

第四，企业劳动分工更加精细，协作关系更加复杂、严密。现代企业内部生产经营活动实现了高度分工协作，形成了科学、复杂的运作流程、工艺流程和专业岗位。在现代企业中，管理工作划分为不同的职能和岗位，生产过程划分为许多不同的工艺阶段和许多专门的加工过程。企业生产经营过程的各个阶段，各个工作过程，各道工序以至于每个人的活动，都要协调一致。任何产品和运营的结果都是高度分工协作的结果，资源整合、团队效能决定着企业的综合效率。

第五，现代企业系统地将最新科学技术成果用到生产经营活动中。现代企业通过引入先进设备、先进技术、先进工艺等物质手段，不断改进劳动者与劳动工具的关系。企业对自然科学规律的认识和应用能力不断提高，从动力技术、能源技术、材料技术到信息技术、电子技术，有效开发和利用现代技术装备和技术方法，合理组织生产经营活动，创造了前所未有的生产效能。

（二）从经济角度看，企业是国民经济的基础

企业作为现代社会劳动组织的主要形式，作为创造和实现价值的经济实体，在国民经济中有着举足轻重的地位。具体表现如下：

第一，企业是国民经济的细胞。从国民经济体系这个大背景上看，企业只是国民经济整体中的一个局部，千千万万的企业共同构成了国民经济整体。如果把国民经济看成一个大系统，那么企业就是一个子系统。企业作为独立的经营组织，其基本功能是创造社会价值，以提供社会所需要的产品和服务，满足人类日益提高的物质与文化需求。

第二，企业是社会资源配置的主体。现代企业具有优化社会资源配置和提高社会资源利用效率，实现社会经济可持续发展的功能。企业根据市场需求和自身长期盈利最大化的需要，开发和管理所需的资源，将资本与劳动力、有形资产与无形资产、降低成本与扩大盈利、近期目标与长远发展有机结合起来，从而使社会资源得到最有效的利用。

第三，企业是市场经济的主体。在现代市场经济条件下的商品经济关系，如等价交换、发挥价值规律的作用、开展竞争等，都是通过企业的生产经营活动反映出来的。企业是市场竞争的主体，进入市场的企业数目越多，形成优胜劣汰，微观经济结构素质越高，市场发展越快，发育程度越好，从而使市场扩大规模、提升档次、完善结构，促进经济的高速发展。发挥企业在市场经济中的主体地位，必须使企业成为名副其实的、独立的商品生产者和经营者，必须使企业成为开放的经营系统，必须创造完善的市场环境和秩序，让企业自主经营、自由进出市场，公平竞争，追求可持续发展的长期效益，使它们在完善社会主义市场经济关系中发挥关键性的作用，承担市场主体和经济发展动力的任务。

第四，企业是以营利为主要目的、专门从事商品生产和经营活动的经济实体。企业是从事商品生产和经营活动的营利性的经营实体，要谋求创造价值和实现财富增值。企业作为社会物质财富的占有者、创造者和实现者，其基本职能就是整合各种资源向社会提供各种所需的商品和服务，营利是企业内在的和最终的追求。企业必须以市场为导向，以消

费为中心，在满足社会需要的过程中实现长期的利润最大化。

第五，企业是创造和实现社会价值的经济实体。企业在国家、企业、个人三者利益的协调中起着结合点的作用，对国家、企业和劳动者个人的收益分配和积累发展具有调节的功能。一方面，企业上交的税、费是国家收入的主要来源；另一方面，职工的利益也和企业密切相关。企业通过成功的经营管理，促使企业经济效益的不断提高，不仅国家收入会相应增加，而且企业和职工的收入也会相应增加。因此，企业的经济利益实际上是国家利益和职工利益的基础。只有企业发展了，国家利益才有来源，职工利益才有保障。

第六，现代企业是推动社会经济技术进步的主要力量。企业通过自己的生产和经营活动，不仅创造和实现社会财富，而且也是先进技术和生产工具的积极采用者和制造者。由于价值规律的刺激作用，企业千方百计地改进技术、改善经营管理，提高劳动生产率。而企业的这些努力，客观上推动了整个社会的经济技术进步。

总之，企业对整个社会经济的发展与进步有着不可替代的作用，从一定的意义上来讲，企业素质的高低，企业是否适应市场经济发展的要求，直接关系着国民经济状况的好坏和社会能否长治久安。

（三）从法律角度看，企业是依法设立、经营的经济组织

1. 企业是自主经营的独立经济实体

企业是社会系统的一个子系统，具有相对的独立性，是自主经营、自负盈亏的独立组织。首先，企业的独立性表现在企业产权的独立性，企业有明确的财产界定，可以独立行使对企业财产的支配、使用和处置权；其次，企业的独立性表现在企业经营上的独立性，企业必须具有独立的经营决策与管理权，具有占有财富、创造财富和实现价值的能力，根据市场环境和企业内部的条件变化，自主灵活地开展企业经营管理活动；最后，企业的独立性还表现为独立核算、自负盈亏，企业的盈利来源于以最经济的投入获取理想的产出，企业要以自己的收入来抵偿支出，并对盈亏完全负责。

2. 企业是依法设立、依法经营的法人组织

现代企业中普遍存在的公司制企业是法人组织，所谓"法人"，是指依法成立并能独立行使法定权利和承担法律义务的社会组织。法人资格和地位是企业独立性的法律保证，是独立经营和独立核算的必要条件。企业作为法人组织，一是其开办必须得到政府有关部门的批准，并按规定的业务范围进行经营；二是企业必须拥有法定的资金、资产，在银行设立自己的账户，并能独立行使财产支配权；三是企业能独立承担财产责任，对拥有的资

产具有法人所有权，即可以自由支配这些资产，如发生亏损可以用这些财产进行补偿，财产不足以补偿亏损时，企业就要破产；四是企业能以自己的名义参加诉讼活动，企业正常的生产经营活动受法律保护，同时也必须对自己的全部行为承担法律责任。

（四）从社会角度看，企业须承担一定的社会责任和义务

企业不仅是一个经济组织，具有经济的功能，而且它作为社会系统中的组成部分，是社会系统中的生命有机体，通过自己的系列活动为社会发展提供动能，并由此得到社会的认同，得到社会的回报。具体表现在以下几点：

第一，企业是社会系统中的生命有机体。从社会角度看，企业是社会环境中生存发展的生命有机体，它与社会环境有着紧密的联系。首先，企业从社会环境中获得生存发展的资源，确定自己的使命和生存方式，并将自己的活动成果输送给社会，满足社会环境中的目标需求。企业会经历创立、成长、成熟和衰亡的生命历程，企业的生存力、发展力和竞争力决定企业的生命力。而企业的生命力主要取决于企业对社会环境的适应性以及企业自身素质和能力，具体包括企业治理、规模经济、企业家、企业文化、企业资源、企业组织和企业理财等。这些因素在企业内部至关重要，直接影响到企业本身的生存。其次，企业作为社会系统的组成部分，在社会经济方面也承担着三大使命：一是创造社会财富；二是提供就业机会；三是整合社会资源，满足消费需求。

第二，企业要承担一定的社会责任和义务。企业存在于社会组织当中，两者存在相互影响、相互制约的关系。而企业与社会责任也正是这样，一个国家的公民要对国家履行一定的社会责任，而企业作为一个国家的经济主体，更要承担起相应的社会责任。企业与社会责任两者的关系应该是"鱼水关系"，是不可分割的，社会是企业利益的来源，这就要求企业通过履行社会责任，改善社会环境，使得这个社会整体环境更适合企业的发展。

第三，企业是生产关系的直接体现者。由于生产资料和劳动者大都集中在企业里，因此，生产资料由谁占有，劳动者和生产资料怎样结合，人们在生产中的地位以及分配关系等都只有在企业里才能得到最本质、最生动、最具体的反映。企业的存在不仅是共同劳动和社会化大生产的要求，而且体现着一定的生产关系和社会制度的性质，体现着生产过程或劳动过程的特殊历史形态。企业的存在最终要符合投资者的根本利益，管理理念、管理制度、管理机制和管理的方法手段都必然体现股东的意志、利益和要求。所以，企业的管理过程在本质上是调整投资人、经营管理者和劳动者之间的生产关系和利益分配。

二、企业理论透视

（一）企业类型

在现代社会里，企业在社会组织中占有相当大的比重，但具有共同属性的企业，其具体形态是多种多样的，按照不同的标志，可以把企业划分为多种不同的类型。其管理方式、方法等方面存在一定的区别。

1. 按生产资料所有制性质划分

根据生产资料所有制的性质可划分为公有制企业和私有制企业。公有制企业是以公有制为基础的企业，包括国有企业、集体企业和各种公有制控股的股份制企业等。私有制企业是以私有制为基础的企业，有独资企业、合伙企业和股份制企业。在社会主义初级阶段，我国所有制结构是以公有制为基础，国有经济为主导，多种所有制经济成分共同发展。因此，除国有企业和集体企业这两种公有制的经济形式外，我国现阶段还有个体企业、私营企业、多元化投资的股份企业和外商投资企业。这些不同经济成分的企业还可以自愿实行多种形式的联合经营，构成各种形式的经济单位。

按生产资料所有制的性质划分企业类型，要求人们深入研究和正确对待由于社会制度和企业制度不同所制约的企业间的异同。一方面，要大胆吸收和借鉴资本主义企业管理的科学成果与先进经验；另一方面，要充分发挥社会主义公有制的优越性，重视国情、制度和文化的差异，开辟出一条具有中国特色社会主义企业管理的成功之路。

2. 按企业规模划分

按照企业的规模，企业可分为大型企业、中型企业和小型企业。企业规模不同，其内部组织结构与运行以及在市场竞争中的优势和劣势各不相同，对市场也有不同要求。企业规模划分的标准是多样化的，这与企业发展所依赖的资源有关，在劳动密集型的行业中，企业员工人数是重要的参考指标，而在资金密集型的行业中，资本数额则是重要的参考指标。

3. 按所属行业划分

行业可以从两大生产部类或三大产业开始，由粗到细分为纵向有从属关系、横向有分工协作关系的许多行业，企业据此构成不同类型。例如，把企业分为农业企业、工业企业、房地产企业、交通运输企业、商业企业、金融企业等。在工业企业中，又有原材料、能源等基础产业的企业和机电、纺织等加工制造业的企业。以行业为标志划分，企业还可分为单一经营的企业和跨行业多种经营的企业。

按行业划分企业类型，有利于企业明确自己的经营范围、在社会生产过程中所处位置以及同其他企业之间的分工协作关系，用以指导企业各方面的经营决策；也利于分析不同行业的企业在外部环境和产品、资源、技术、市场、销售等诸多方面的差别，实施具有不同特色的管理。因此，这是很普遍的一种划分企业类型的方法。

4. 按所依赖的主要经营资源成分划分

由于企业生存所依赖资源性质不同，企业可分为劳动密集型企业、资金密集型企业和知识技术密集型企业。使用的主要资源不同，企业发展的决定性因素便存在着差别，这就要求人们明确各自的管理重点，并探索相应的方法。

第一种，劳动密集型企业。劳动密集型企业主要是指生产过程需要大量劳动力的企业，也就是说，产品成本中劳动量消耗占比重较大的企业，比如纺织企业、服务企业、食品企业、日用百货等轻工企业以及服务性企业等。

第二种，资金密集型企业。资金密集型企业主要是指单位产品所需投资较多、技术装备程度较高、用人较少的企业。它是相对于劳动密集型企业而言的。通常把钢铁工业企业、重型机器制造企业、汽车制造企业、石油化工企业等划归资金密集型企业。

第三种，知识技术密集型企业。知识技术密集型企业主要是指运用先进的、现代化的科学技术成就的企业。在这类企业中，集中着较多的中高级技术人员，多数是属于需要花费较多的科研时间和产品开发费用，能生产高精尖产品的部门，如计算机工业、飞机和宇宙航空工业、大规模和超大规模集成电路工业、原子能工业、计算机软件设计、技术和管理的咨询服务企业等。

知识技术密集型企业的划分，可以用企业中高级技术人员的复杂劳动密集程度作为标志。企业中高级技术人员占企业全体人员的比重越大，知识密集的程度越高。

知识技术密集型企业，一般具有需要综合运用多门学科的最新科学研究成果，技术装备比较先进、复杂，投资费用大，中高级科技人员比重大，操作人员也要求有较高的科学文化知识，使用劳动力和消耗原材料较少，对环境的污染较少等特点。

从企业发展过程来看，不仅经历了一个从劳动密集型企业向资本或资金密集型企业的过渡，而且随着现代科学技术的发展，知识技术密集型企业也有着不断扩大的趋势。

5. 按企业的财产组织形式划分

从财产组织形式方面划分，企业可分为独资企业、合伙制企业、公司制企业。企业的财产组织形式关系到建立现代企业制度、转换企业经营机制、优化资源配置和发挥企业优势等重要问题。

第一种，独资企业。独资企业是指由一个人出资经营，归个人所有和控制的企业，又称单个业主制企业。出资者就是企业主，企业主对企业的财务、业务、人事等重大问题有决定性的控制权。他独享企业的利润，独自承担企业风险，对企业债务负无限责任。从法律上看，独资企业不是法人，是一个自然人。

第二种，合伙制企业。合伙制企业是指由两个以上的投资人共同出资，以协议的方式联系在一起，共同经营的企业，又称多个业主制企业。合伙制企业的合伙人之间是一种契约关系，不具备法人的基本条件，不是法人。合伙人拥有参与管理和控制合伙制企业的全部权利，对企业债务负无限和连带责任。

第三种，公司制企业。公司制企业是指由一定数量的股东共同出资，发起设立或通过法定程序向公众发行股票，具有法人资格的企业。国际上有关公司的概念，一般认为"公司是依法定程序设立，以营利为目的的社团法人"。因此，公司具有反映其特殊性的两个基本特征：公司具有法人资格，公司资本具有联合属性。这是公司区别于其他非公司企业的本质特征。

（二）企业的系统构成

1. 企业是有机系统

无论何种类型的企业，都具有自己的系统结构。如果抽去企业技术基础和技术类型的差别，那么企业的系统结构是大同小异的。

（1）企业是一个转换系统。现代企业具有明显的系统特征。根据系统理论，可以把企业看作一个输入、转换、输出的过程。系统的输入就是从社会环境中取得企业生产经营活动所需要的一切资源要素，然后运用一定的方式，按照人们预定的目标将诸要素有机地结合起来，形成一定的产出，向社会输出，以满足社会的需要，并获得经济效益和社会效益。

由上述要素组成的企业系统，可以抽象地看成一个转换机构。这个转换机构的功能是将输入转换为输出。企业系统输入原材料、能源、劳动能力、技术、资金、信息等资源，经过转换机构的加工处理，输出物质产品、增值了的资金、局部革新了的技术以及具有新作用的信息等。

（2）企业是开放系统。开放系统是任何机体有生命的必要条件。只有系统是开放的，系统之间的物质、能量以及信息才可以交流或交换。而系统间的物质交流是任何生命产生和发展的前提，企业生命有机体自然也不能例外。

企业是环境中生存发展的生命有机体。环境是企业生存的土壤，也是企业活动的空间，没有脱离环境的抽象企业，企业只有在一定的环境中才能获得生存和发展。企业经营所需的各种资源需要从属于外部环境的原料市场、能源市场、资金市场、劳动力市场中去获取。离开外部的这些市场，企业经营便会成为无源之水、无本之木。与此同时，企业出售用上述各种资源生产出来的产品或劳务也要在外部环境中实现。没有外部市场，企业就无法销售产品、得到销售收入，生产过程中的各种消耗就不能得到补偿，经营活动就无法持续，更谈不上在更大规模上持继续。企业是社会经济的基本生产单位，社会经济的发展变化，影响、制约着企业的生产经营活动。例如，国际形势、社会变动、政府的方针政策、经济动向、市场状况等，都会对企业发生直接或间接的影响。企业必须使自己的活动与社会经济活动协调吻合，密切衔接，以适应环境的要求和变化，并对整个社会经济体系起积极的推动作用。

（3）企业是自适应系统。企业是能够自己解决矛盾、适应变化的自适应系统。环境、组织、各种各样的人构成了企业系统的要素。然而，环境、组织和人的管理有不同的特点和的要求。在许多情况下，它们之间存在一定的差异、矛盾，这种差异和矛盾有时可以转变为企业发展的力量，有时也会给企业发展带来损害。差异、对立、矛盾，是企业生存发展过程中经常、大量存在的现象。这种矛盾表现在组织与个人、环境与战略目标、技术与心理、理性与情感、现阶段战略策略与环境发展演变等众多方面，这就构成了企业系统中不可缺少的要素。解决这些矛盾是企业管理的过程，也是企业发展的过程。

系统理论给企业理论的研究带来了新的生机，运用系统理论的思想和方法进行企业理论的研究方兴未艾。透过复杂性世界更清晰地认识人们正在从事的企业文化变革，有利于更好地思考未来的管理。企业只有深刻领会作为一个复杂的系统与环境之间的互动关系，才能根据外部环境因素特别是合作与竞争程度本身的动态变化来动态地调整自身与环境之间关系的策略，使自己永远立于不败之地。

2. 企业系统的要素

企业为了从事生产或劳务，实现企业的经营目标，就必须具备实现目标的特殊功能，即必须拥有生产某种产品、提供某种劳务所需要的各类资源要素。企业系统要素包括人力资源、知识资源、技术资源、物力资源、财力资源、信息资源、管理资源和市场资源。这些都以物质形态存在于空间，构成企业物质实体的基础，也是企业生命赖以生存和发展的必要物质条件。

（1）人力资源是企业最重要的资源。人力资源包括设计开发人员、制造施工人员、营销服务人员、管理人员等，这些人员通过获取知识、形成技术、展现技能创造出企业和市场所需的产品。

企业是由人组成的、有组织目标的团体。企业是以集体化行为为特征，为达到单独个人所难以达到的目标而形成的团体。这一点意味着，企业不仅仅是一个简单集合个人力量的团体，它必须把各自有不同知识、技能、特长的个人力量通过某种方式结合起来，形成集体化的行为和力量。也就是说，要实行适当程度和类型的分工协作；要形成必要的信息沟通渠道；要采用适当的激励手段，调动各类成员的积极性；要在企业内创造某种气氛，形成独特的企业文化。

（2）知识资源是知识经济时代企业的重要资产。知识经济时代，社会生产是以大量整合与消耗知识为特征。知识已经成为创造财富的第一要素，知识资源已经成为企业重要的战略性资源。谁掌握了最新的知识，谁掌握了更多知识，谁发明和创造了更新的知识，谁生产了包含更多知识的使用价值，谁就能在未来的竞争中取得优势地位。由于每个领域的知识越来越高度专业化，一些小型企业无须大量资金投入，即可通过持续不断的学习形成一些规模很小却威力巨大的知识创造单位。在管理领域中，企业管理已经进入全球化和知识化的阶段。在这个阶段，持续成长成为管理的目标，知识管理成为管理的主题。现在，许多著名的公司设立了CKO（知识主管）职位。个人与组织知识结构的优化，组织知识的创新、传播、共享和利用，学习型组织的建立是一个企业常青的根本保证。

（3）技术资源是企业长期稳定发展的促进剂。知识是一个基本面，只有系统化的知识才能直接作用于生产。如果这种系统化的知识与产品有关，就形成了企业的技术。技术是产品的前提，没有技术就生产不出产品。对企业来说，技术包括两大类：一类是产品技术，主要包括产品的构成及技术指标；另一类是制造技术，主要体现在制造水平上，产品技术再先进，如果没有合适的机器、设备、厂房、工艺来制造它，还是无法实现。可见，产品技术和制造技术同样重要，缺一不可。

现代企业的发展是建立在技术领先和技术不断创新基础上的，企业技术进步与技术创新对企业其他资源的积累和利用，对企业长期的持续稳定发展有重要作用。技术资源能够将人力资源与其他资源有机地结合起来，更有效地解放和提高生产力。

（4）物力资源是企业开展经营管理活动所需的物质基础。物力资源可分为两大类：企业产品（包括能源、原材料和半成品）和制造产品的保障设施（包括厂房、设备、通信、交通、办公场所等）。技术装备是生产力的重要因素，是企业生产经营活动的骨骼系统。

企业物力资源的储备与利用、先进与落后、水平高低、创新能力和使用效率对企业整体经济效益与长期稳定发展至关重要。

（5）财力资源是企业的造血系统和循环系统。在市场经济条件下，资本扩张和资本运营对企业的长期发展、竞争优势影响深刻。企业资本结构、企业财务状况、企业负债与偿债能力都制约着企业的生存与发展。

（6）信息资源是企业的神经网络。信息资源可以将企业组织内外的各种经营管理职能和机制有效地结合起来。企业的经营管理活动都是通过信息进行的。通过信息的收集、处理和传输，企业的计划工作、组织工作、领导工作和控制工作得以顺利进行。

（7）管理资源是组织运作和其他各种资源发挥效能的手段。管理也是一种资源，管理使企业各项资源优化配置、充分利用，管理使企业资源与外部环境实现动态的协调适应，从而推动企业不断发展。

（8）市场资源是企业核心竞争力的基础。市场资源源于企业与市场以及客户的良好互动关系，它由客户、公司声誉、渠道网络、商标品牌等组成。市场资源是市场经济条件下企业核心竞争力的基础，它使企业能够获得竞争优势，是企业的法宝。

3. 企业系统的流程

企业系统包含四个组成部分，即产品流程、价值流程、人事流程、信息流程。

（1）产品流程

产品流程是指企业从满足用户需求出发，从产品研发、物料输入到成品输出，转移到用户手中，主要以物质资料在企业内外进行形态、性质、空间位置等变化的运动过程。

产品流程的主要环节有：根据市场预测和企业决策，进行产品的研究、设计和制造，生产出产品；经过销售，供用户使用和消费；在使用过程中为用户提供各种必要的服务，并了解和研究使用中的要求，进一步改进产品的设计和制造，又生产出更好的产品投入市场。

产品流程是企业系统最基本的运动过程。各部门各生产环节的运作，都是为保证和促进产品流程的运动。对产品流程的要求是以满足用户需求为中心，加速流程运转，尽可能地消除物料滞流现象。这样才能做到缩短生产周期，减少物资储备，达到加速资金周转、提高劳动生产率、降低成本、增创利润和提高企业竞争力的目标。

（2）价值流程

企业的价值流程是指企业资金的筹措、投入、运用、耗费，获得资金成果的过程。资金是企业的物资和货币的价值总和。企业的生产经营过程，既是物流运行过程，又是资金流运行的过程。如企业在产品生产过程中，要耗费各种各样的资源，产品销售之后，要对各种耗费进行补偿，同时要获得盈利。所以，对整个产品流程要用货币形式从价值方面进行核算、监督、控制，使产品在充分利用资源和最经济的条件下生产出来。这就需要有一个价值系统来表现企业的产品流程。

企业的资金流运行包括资金筹集、资金运用和资金分配三个环节。任何企业开展生产经营活动，首先必须筹集一定数量的资金，这是企业资金流运行的起点，也是企业组织生产和流通的物质前提；在生产经营过程中，企业要合理运用资金，实现价值增值；当生产经营活动告一段落时，企业还要分配资金，此时既要做到以收抵支，使再生产顺利进行，又要处理好各种分配关系。企业的再生产活动永续不断，企业资金的筹集、运用和分配活动也就一环扣一环，周而复始地不断进行。

（3）人事流程

企业的人事流程是指企业从人员招聘、录用，到人员的教育培训、考核、晋升，直至人员调职和输出的活动过程。生产经营活动的客体是物质产品及其生产经营过程，而主体是劳动者。劳动者的录用、调配、培训、考核、工资、福利、奖惩、升迁，以及质量要求、数量控制、各类劳动者相互之间的比例关系等，都应按照企业产品流程各部分的客观要求合理安排。

企业的人事流程包括人力资源规划、人员招聘与录用、人员培训、绩效管理、薪酬管理等工作。在企业系统中，通过建立科学的组织机构和合理的规章制度，协调人事行为，合理组织劳动过程，提高劳动生产率；以劳动者的数量、质量、管理方式、劳动技能、的工作积极性和劳动效率，以及劳动者的更新等，来主导产品流程正常、有效地进行。

（4）信息流程

企业的信息流程是指伴随着产品流程、价值流程、人事流程的各类信息的提取、整理、判断、传递、转化、使用和反馈的过程。企业的信息分为内源信息和外源信息两部分。内源信息是指与企业生产经营活动密切相关，可通过统计报表、财务报表、生产报表及其他业务资源获取的信息；外源信息是指外部环境中存在的与企业生产经营相关的各种信息，如经济因素、政治因素、技术因素、人与社会因素以及竞争因素等信息。

企业系统的运行都是通过信息进行的。信息流程是伴随着产品流程、价值流程、人事流程而产生的，它是后者的表现和描述。产品流程、价值流程、人事流程的顺畅运行，在很大程度上取决于信息流程的正常运转。

第二节　企业管理与管理者认知

一、企业管理认知

（一）企业管理的界定

1. 企业管理含义

管理是人类共同劳动的产物，随着人类共同劳动的发展，管理实践不断丰富，人们对于管理的认识也不断发展和深入。现代管理理论产生以后，人们对管理的认识系统化、概括化了。人们形成的共识是，管理是在特定的环境下，通过计划、组织、领导、控制等环节来协调组织所拥有的资源，以更好地达成组织目标的过程。管理在所有的社会化活动和社会组织中存在，渗透到人类社会生活的各个方面。由此，管理原理被应用到企业经营、公共事业、学校机关等各种组织和领域。

企业管理的定义可表达为：企业管理是为实现企业目标，根据企业环境、企业的特性及其生产经营规律，对企业的各项资源和企业经营活动进行计划、组织、领导和控制等一系列职能活动，保证企业不断提高经济效益的活动过程。企业管理有其深刻的内容，表达了多方面的含义。

第一，企业管理活动过程有计划、组织、领导、控制四项基本环节。这四项环节又被称为企业管理的四大基本职能。所谓职能是指人、事物或机构应有的作用。任何一个企业的管理都离不开这四项基本职能，如每一个管理者，开展工作都要先制订有效的计划；为了实现计划目标，要对企业的各项资源进行有效的组织；为了促使企业员工积极性的发挥，要对员工进行有效激励；为防止计划出现偏差，要对计划实施过程进行控制；等等。

第二，企业管理基本职能作用于企业的各项资源。任何一个企业的发展都离不开人力、物力、财力和信息等资源。企业管理基本职能作用于企业的各项资源，目的是使各项资源优化配置，同步、和谐。

第三，企业管理的目的在于实现企业目标。协调人力、物力和财力资源是为使整个企业活动取得成效，这也是管理活动的根本目的。企业管理是为实现企业目标服务的，是一个有意识、有目的地进行的过程。管理是任何组织都不可或缺的，但绝不是独立存在的。

管理不具有自己的目标，不能为管理而进行管理，而是使管理服务于企业目标的实现。

第四，环境是企业管理的约束条件。即企业管理工作是在一定的环境条件下开展的。也就是说，管理须将企业看作一个开放的系统，它不断地与外部环境产生相互影响和作用。正视环境的存在，一方面，要求企业为创造优良的环境尽其社会责任；另一方面，管理的方法和技巧必须因环境条件的不同而变化，没有一种在任何情况下都能奏效的、通用的、万能的管理办法。审时度势、因势利导、灵活应变，对管理成功是至关重要的。

2. 企业管理本质特征

人类社会自从开始群居狩猎起，就知道"合群"的作用：作为一个群体可以共同抵御危险、征服自然。这种"合群"的目的是为了集结个人的力量，以发挥集体的更大的作用。"合群"实际上就是人类社会中普遍存在的"组织"现象。可以说，有人类就有组织。

所谓组织，是由两个或两个以上的个人，为了实现共同的目标组合而成的有机整体。组织是一群人的集合，组织的成员必须按照一定的方式相互合作，才能够形成一种整体的力量，才能完成单独一个人的力量所不能完成的各项活动，实现组织的总体目标。组织需要合作、协作或协调，这样管理就应运而生。管理是伴随着组织的出现而产生的，是协作劳动的必然产物。因此，管理的本质特征就是协调。

协调就是使企业中的各个部门和成员、各种资源、各项活动之间有机结合，保持目标一致，同步和谐地开展活动。协调是管理活动所力图实现的根本要旨。企业管理者的任务，说到底就是协调企业的各种资源以及企业与环境的关系，以便更好地实现企业的目标。协调包括企业内部各方面目标的协调，企业的人、财、物、信息的协调，企业与外部环境的协调，以及现时需要与未来需要之间的协调等。

管理人员的工作，从本质上说是通过他人并使他人同自己一起实现组织的目标。在通常情况下，管理人员并不亲自从事具体工作，而是委托他人去干，自己花大量的时间和精力进行计划安排、组织领导和检查控制其他人的工作，而且，管理者还要对这些人的工作好坏负最终责任。

3. 企业管理目标

严格地说，企业管理并不存在自己独立的目的或目标。管理是为服务于企业而存在的。不能为了管理而管理，而应该是为了实现企业的目标而进行管理。因此，管理的目标是与企业的目标联结在一起的。如果说管理有目标的话，管理的目标就是要促使有效地利用资源而达成企业的目标。具体地，可从以下两个角度来全面地衡量管理促进企业目标实现的情况：

第一，管理的目标在于实现企业的基本宗旨。宗旨是指企业的使命，它明确指出企业是干什么的和应该干什么，是对企业从事什么活动、达到什么目的和对社会起什么作用的具体描述。管理的目标就在于使企业的各项活动遵循企业宗旨的要求。

第二，管理的目标在于实现企业的产出目标。目标是企业为完成其使命所要达到的预期结果，指明了企业具体的努力方向。一个企业要开展活动，必须具有人、财、物和信息资源。企业所获得的资源，构成了企业的"投入"。对资源的运用，就可以产生企业的成果。成果是企业活动过程的最终结果，通称为企业的"产出"。其具体表现可以是制造业企业中生产的产品，以及服务业企业中提供的各项服务等。

不同类型的企业，其成果的具体表现形式可能各不相同，但从一般的角度看，任何成果都可以从以下几个方面加以考察和衡量：一是表明企业能力成长和发展程度的发展性目标，如生产规模目标、人员素质目标、技术进步目标、管理现代化目标、提高市场竞争地位的目标等；二是表明企业获利程度的收益性目标，如投入产出目标、利润目标、劳动者收入目标等；三是表明企业资源利用程度的有效性目标，如劳动生产率目标、物耗水平目标、资金有效利用目标、资金利润率目标等；四是表明企业承担社会责任对社会做出贡献的社会性目标，如对社会公益事业的支持、提高企业的社会知名度等。

根据企业性质的不同，企业的目标可以有不同的表现形式。但是，不论企业所要实现的终极目标有何差别，管理工作的使命任务基本上是一样的，即以尽量少的资源完成预期的目标。只有这样，才能称得上是有效的管理。

4. 企业管理有效性

企业管理是否有效，直接的衡量标准是企业绩效。而绩效的高低，表现在效率和效果两大方面。

效率是指投入与产出的比值，如企业经营中的设备利用率、工时利用率、劳动生产率、资金周转率以及单位产品成本等，这些是对企业效率性的具体衡量。由于企业所拥有的资源通常是稀缺的、有价的，所以管理者必须关心这些资源的有效利用。对于一定的资源投入，如果能获得更多的成果产出，就能获得较高的效率。类似地，对于较少的资源投入，要是能够获得同样的甚至更多的成果产出，也同样是提高效率的有效途径。

效果是指企业实现的正确的活动目标，即一项活动要达到的目的。企业效果的具体衡量指标有销售收入、利润额、销售利润率、产值利润率、成本利润率、顾客的满意度等。

效率和效果是两个有联系但并不相同的概念。效率涉及的只是活动的方式，它与资源的利用相关，因而只有高低之分而无好坏之别。效果则涉及活动的目标和结果，不仅具有高低之分，而且可以在好和坏两个方向上表现出明显的差距。

管理者仅仅关心企业活动的效率或仅仅关心企业活动的效果都是不够的。如一个企业的生产效率比较高，但如果所生产的产品没有销路，或者说不能满足顾客的需要，这样效率越高反而会导致有效性越差，因为产品生产得越多，库存积压也就越多，从而企业赔钱也越多。反之，产品适销对路，但生产效率低下，也同样无法取得好的效果。管理工作的完整任务必须是使企业在高效率基础上实现正确的活动目标。

（二）企业管理系统的要素

企业管理系统是指由相互联系、相互作用的若干要素或子系统，按照企业管理的整体功能和目标结合而成的有机整体。企业管理系统是由一定的相关要素构成的系统。管理系统的内部构成要素主要有企业管理目标、企业管理主体、企业管理客体、企业管理方法、企业管理环境等。科学、有效的管理活动必须保证管理要素的完备，并将这些要素有机结合且与企业系统相适应。

1. 企业管理的终极目标

企业管理的终极目标是充分开发与合理利用企业所需的各项资源，在满足社会需求的同时，持续不断地创造企业满意的经济效益。在管理的不同阶段和不同领域上，企业管理有其阶段性目标、局部性目标，这些目标都是为企业管理的总体目标服务的。管理目标横向看具有渐进性、阶段性和连续性；纵向看具有统一性和层次性。

2. 企业管理的主体

企业管理的主体是指在企业中承担管理职责的管理者。企业管理者是管理活动的关键要素，管理主体的素质和能力、价值观念和职业修养，对企业的方向选择和发展、对企业管理客体和企业管理过程的协调与控制有至关重要的作用。随着社会经济的发展和管理内涵的发展，企业管理的主体有不断扩大和复杂化的趋势。现代管理所倡导的民主管理、参与管理、自我管理等，使更多的企业成员加入管理的行列中，成为管理的主体。

3. 企业管理的客体

企业管理的客体是指管理者为实现企业目标，通过管理行为作用其上的对象。企业管理的对象可以从不同的角度加以观察。首先，从管理者的职责看，企业管理的对象包括对工人和作业工作进行管理，对管理人员及其工作进行管理，对整个组织进行管理；其次，从企业的构成要素看，企业管理的对象包括对人员、资金、物资、时间和信息等；从企业管理的活动过程看，企业管理对象是企业的各项职能活动，如企业中的计划活动、技术研发活动、生产活动、营销活动等。企业管理者正是在对各种活动进行筹划、组织、协调和控制的过程中，发挥着管理的功能。

企业管理的客体总的划分是人和物，其中人的因素更为重要。管理以人为中心，所有管理要素都是以人为中心存在和发挥作用的。企业管理者要在人与人之间的互动关系中，通过科学的领导和有效的激励，最大限度地调动人的积极性，以保证企业目标的实现。管理人是管理者最重要的职能。

4. 企业管理的不同方法

企业管理的方法是指管理中具体运作的方式与手段，主要有经济方法、制度规范方法、行政方法、社会学和心理学方法、定量方法等。不同的方法，各有长处和局限，各自有不同领域的优势，没有哪种方法是绝对适用于一切场合的，也没有哪种场合是只可以依靠一种方法的。因此，要善于灵活地选择多种方法，综合、系统地运用各种管理方法，以求实现管理方法的整体功效。

5. 企业管理的整体环境

现代企业是一个开放的系统，不可避免地要与环境发生各种各样的联系。企业的外部环境对企业活动的效果与效率有很大影响。企业的外部环境通常包含行业、原材料供应、财政资源、产品市场、技术、经济形势、政治状况、国家法律法规、社会文化等。一般来说，企业内部的要素是可以控制的，企业的外部要素是部分可以控制（如产品市场等）和部分不可以控制的（如国家政策等）。

总之，企业管理已进入知识化、系统化、网络化、一体化的时代，越来越多的要素成为企业管理的目标和对象，因而企业管理工作也越来越复杂。

（三）企业管理的基本职能

管理可以通过各种管理手段和方法来达到管理的目标，管理者的管理活动也是丰富多彩的，尽管实现管理目标的手段和方式不同，管理的要求也不同，但若不看管理的具体形式和做法，就可以发现管理者基本工作的性质和特点是一致的，都遵循一定的规律，这些管理者承担的本职工作称为管理职能。

1. 计划职能

计划职能是指为确定企业目标和实现目标的途径、方法、资源配置等进行的筹划和设计工作。

在企业管理的各项职能中，计划职能是首要职能。企业管理的任何工作或行动，都需要进行必要的调查研究、未来预测、目标和方案的决策、具体行动计划的制订等过程。也就是说，要解决两个基本问题：第一是干什么，第二是怎么干。管理的一切工作都要围绕着计划所确定的目标和方案展开。计划职能的工作内容主要是调查研究、预测分析、策划决策和拟订计划。

（1）调查研究。调查研究是在确定一定目的的基础上，对企业经营管理有关信息的收集、整理、分析和研究工作。调查研究的目的是掌握企业经营管理有关问题的历史和现状，为管理决策提供依据。

（2）预测分析。管理决策是指面向未来的设计和策划。预测分析就是对企业经营管理的有关问题未来发展变化的趋势做出预见和估计。预测的对象是未来可能出现的情况，预测分析必须在调查研究的基础上进行推测，必须综合利用定性和定量的科学方法，立足未来和发展进行分析。

（3）策划决策。在清楚环境因素和前提条件后，就要根据管理面临的问题，确定管理的目标和实现这一目标的途径。在企业管理的实践中，常常会有许多目标可以追求，而实现某一目标的手段与途径是多种多样的，因此，要根据调查研究和预测分析的结果进行务实的企业策划，设计若干种方案进行选优。决策就是在若干目标方案中，经过反复分析、比较、筛选，最后选择一个最佳方案或满意方案的过程。这是计划过程最关键的一步，它不仅决定企业经营管理目标的正确与否，而且关系到企业目标能否最终得以实现。

（4）拟订计划。企业管理决策形成后，要将目标和决策具体化、可操作化。因此，计划职能的任务并未完成，要进一步制定各项实施细则，形成具体指标体系和可行的方案。制定体现决策要求的目的、策略、预算、政策等一系列文件，正式编制计划。同时，要认真落实计划，并经常进行监督检查，进一步完善与发展计划，为下一个计划的制订奠定基础。

2. 组织职能

组织职能是指为了实现企业目标，明确规定企业人员应尽的职责及其相互的分工协作关系，合理配备和有效利用企业的资源，以保证企业目标能够顺利实现的一系列管理工作。组织职能的任务是把管理要素按照计划提出的目标和任务结合成为一个整体，为计划的实现提供资源与组织的保证。组织职能主要包括组织设计、组织协调和组织变革等内容。

（1）组织设计。组织设计是指以企业目标为中心，对组织的层次、部门、权力和责任进行分解、划分和分配，以及人员配置的过程，组织设计的结果是组织的层次结构、部门结构和权责关系的确立。

（2）组织协调。组织协调是对企业各部门之间以及企业成员之间的相互分工协作关系、权责关系的组织与协调，规范组织内部的各种关系，有效沟通和激励全体员工为实现企业目标而努力工作。

（3）组织变革。组织变革是根据企业组织内外条件的变化对组织结构提出的要求，对组织结构做出相应的调整或变革，促进组织活动的正常发展，使企业组织与竞争环境动态地相适应，保证组织的健康发展。

3. 领导职能

领导职能是管理者通过行使所拥有的权力，引导、影响和激励组织成员执行组织任务，以达到特定目标的行为过程。在企业管理中，领导是一种特殊的人与人交往的过程，领导工作的核心和重点是调动组织成员的积极性，带领和指导组织成员去实现共同的组织目标。领导职能主要包括以下基本内容：

（1）指挥与引导。用各种有效的方式，安排和指导其下属人员的工作活动，调度和指挥组织的协作运营，将企业目标和组织的任务变为组织成员的共识和努力方向，使每一成员的行为符合企业目标的要求。

（2）沟通与协调。创造性地运用相应权力和组织机制，协调员工的关系和活动，使员工步调一致地朝着共同的目标前进。

（3）激励与鼓舞。掌握组织成员的行为规律和心理需求，运用灵活多样的激励手段和方法，激发和调动他们的自觉性、积极性和创造性；培植企业文化理念，形成团队协作意识，通过各种方式和手段，营造良好的工作环境和气氛，影响和引导组织成员为共同的事业而奋斗。

4. 控制职能

控制职能是指将企业各项工作实施的实际情况与预定的目标进行比较，发现问题，纠正偏差的管理活动。控制职能的任务是追踪和维护企业活动向着预定的目标进展，将不符合要求的活动拉回到正常的轨道上来。控制工作主要包括以下基本内容：

（1）确定控制标准。控制的主要任务是对组织活动加以监督和约束，以求实现人们希望的目标。因此，必须首先确定与计划统一的控制标准，作为共同遵守的衡量尺度。

（2）衡量成效。即在控制过程中将实际工作情况与预先确定的控制标准进行比较，以便找出组织目标和计划在实施中的问题。

（3）纠正偏差。通过差异分析，在查明问题原因的基础上，找出解决问题的办法，采取纠偏措施，使组织的各项活动回到预定的轨道上来。

上述四项管理职能是相互联系、相互制约的，其中计划是管理的首要职能，是组织、领导和控制职能的依据和目标；组织、领导和控制职能是有效管理的重要环节和必要手段，是计划及其目标得以实现的保障。只有统一协调管理的各个职能，充分发挥各项职能的功能作用，使之形成前后关联、连续一致的管理活动整体过程，才能保证管理工作的顺利进行和组织目标的圆满实现。

（四）企业管理的层次与专业管理

一般企业组织的管理结构划分为三个层次，即高层管理（战略决策层）、中层管理（职能管理层）以及基层管理（作业管理层）。

高层管理的任务是根据企业环境和自身条件，拟订和设计企业的发展战略与规划；构建组织结构，培养和使用管理人才；培育企业文化，建立有组织特色的管理理念和管理理论；协调企业与外部各方面的关键性关系，处置企业出现的重大危机；寻找企业发展机会，引发组织变革等。企业高层管理是管理体系中最重要的组成部分，处于统率地位。

中层管理是为了实现企业总体战略目标而进行的管理专业化分工，具有明显的专业化和智能化特点。中层管理的任务是将企业战略决策和总体目标进行不同领域和不同组织中的设计与落实，使管理在专业领域中得以体现；同时，为高层管理提供专业依据，为基层管理提供职能参谋。中层管理是把高层管理同基层管理联结起来的纽带，既对高层管理发挥参谋和助手作用，又对基层管理进行指导、服务和监督。

基层管理的对象是作业层。作业层在工业企业通常指的是生产现场，在商业企业里是交易现场，在服务性企业就是作业场所。基层管理的任务是科学合理地组织劳动分工与协作，充分调动员工的积极性和创造性，确保业务活动有计划、有条理地进行，并将现场的信息反馈到上级有关管理部门。

二、企业管理者认知

（一）企业管理者职责与类型

1. 企业管理者职责

管理者与非管理者，应该主要从其在企业中扮演的角色及承担的责任上来区分。美国管理学家德鲁克通过三个层次说明了管理者的责任：

第一，管理者的第一个责任是管理一个企业。管理者应该明确：我们的企业是什么，它的目标是什么，如何实现目标。只有这样，企业才能知道自己应该干什么和如何干。

第二，管理者的第二个责任是管理管理者。即上一级管理者对下一级管理者的管理。对下级管理者应该通过目标管理和自我控制进行管理；管理者应有责任培养其下属。

第三，管理者的第三个责任是管理工作和工人。即激励企业员工发挥其创造热情，求得企业的最佳效果。

由此我们对管理者下这样的定义：管理者是指那些实现管理过程，而且对企业内的员工进行领导、组织协调和监督其实施的人员。

人是企业的最重要的资源，而管理者是人力资源的核心，管理者对企业的生存发展起着至关重要的作用，其工作绩效的好坏直接关系着企业的兴衰成败。

2. 企业管理者的类型

企业管理者的分类包括以下几种：

（1）高层管理者、中层管理者、基层管理者

高层管理者指的是居于企业高级领导层的管理者，如企业的董事长、首席执行官、总裁、副总裁、总经理、副总经理及其他高层管理者。高层管理者中，领导人对外可以代表企业的身份出现，在企业内则与其他高级管理者一起，制订组织目标、发展战略规划，做出计划和决策，审核整个组织的业绩等。

中层管理者是指直接负责或者协助管理基层管理者及其工作的人，例如企业里的部门经理、地区经理、产品事业部经理或分公司经理等。中层管理者的职责是贯彻高层管理者的命令、指示及计划。他们向高级管理层直接报告工作，同时负责监督和协调基层第一线管理人员的工作。企业的大量日常管理在很大程度上要由中层管理者来负责进行。在企业中起承上启下的作用。

基层管理者，也称第一线管理者，处于作业人员之上的组织层次中，负责管理作业人员及其工作，如企业里的领班、工长、基层单位主管等。基层管理者的职责是给下属人员或办事员分派具体工作任务，密切监督下属人员的工作情况，协调下属人员的工作，以保证完成既定工作任务目标。基层管理者向中层管理者直接报告工作，他们的工作对实现企业的目标和业绩起着决定性作用。企业中三个层次的管理者是一个有机整体，保证整个企业的管理工作正常地进行。

（2）综合管理者与专业管理者

综合管理者指的是负责管理整个企业或企业中某个分部的全部活动的管理者。他们是一个组织的主管，对整个组织目标实现负有全部责任，有权指挥和支配该组织的全部资源与职能活动。例如，公司总经理都是综合管理者，而公司的财务部门经理则不是综合管理者。对于小型企业来说，可能只有一个综合管理者。而对于大中型企业来说，可能会按产品类别设立几个产品分部，或按地区设立若干地区分部，此时，该公司的综合管理者包括公司总经理和每个产品或地区分部的总经理，每个分部总经理都要统管该分部包括生产、营销、人事、财务等在内的全部活动，因此也是综合管理者。

专业管理者是仅仅负责企业中某一类活动或业务的专业管理的管理者。这类管理者只对企业中某一职能或专业领域的工作目标负责，只在本职能或专业领域内行使职权、指导工作。专业管理者大多具有某种专业或技术专长。例如，就一般工商企业而言，专业管理者主要包括以下类别：生产经理、营销经理、人事经理、财务经理和研究开发经理等。不同专业领域的管理者，他们在履行管理职能中可能会产生具体工作内容侧重点上的差别。例如，同样开展计划工作，营销部门做的是产品定价、推销方式、销售渠道等的计划安排，人事部门做的是人员招募、培训、晋升等的计划安排，财务部门做的则是筹资规划和收支预算，他们在各自的目标及其实现途径的规定上都表现出很不相同的特点。

（3）直线指挥人员和职能参谋人员

直线指挥人员是指有权对下级进行直接指挥的管理者，与下级之间存在着领导隶属关系，是一种命令与服从的职权关系。直线指挥人员的主要职能是决策和指挥。他们主要是企业等级链中的各级主管，即综合管理者。例如，企业中的总经理、事业部经理、车间主任、班组长等均属于直线指挥人员。

职能参谋人员是指对上级提供咨询、建议，对下级进行专业指导的管理者。他们与上级的关系是一种参谋、顾问与主管领导的关系，与下级的关系是一种非领导隶属的专业指导关系。他们的主要职能是咨询、建议和指导。职能参谋人员通常是指各级职能管理者。例如，对企业而言，计划部经理、公关部经理、财务部经理等，都属于职能参谋人员。

（二）企业管理者承担的角色

企业管理者在企业中应该承担什么样的角色，一直是人们所探讨的话题。现代管理学派的一个分支就是经理角色学派。早在 1938 年，切斯特·巴纳德的代表作《经理人员的职能》一书，就开创了对经理人员工作的专门研究。后续出现的管理学派也从不同的角度对这一问题展开探讨。

1980 年，加拿大管理学家亨利·明茨伯格的《经理工作的性质》一书出版，成为经理角色学派的重要著作。在该书中他系统阐述了经理工作的特点、经理所担任的角色、经理工作中的变化及经理职务的类型、提高经理工作效率的要点、经理工作的未来等，并评价了其他管理学派有关经理职务的各种观点。

明茨伯格认为管理者在履行人际关系职责、信息传递职责和决策制定职责的过程中扮演着 10 种角色。

1. 人际关系方面

（1）挂名首脑角色。这是经理所担任的最基本和最简单的角色。经理是一个组织的象征，必须履行许多这类性质的职责，如签署某些文件、主持某些事件或仪式等。

（2）领导者角色。经理作为一个组织的正式领导者，负责选拔所属的职工，负责对下属进行激励和引导，包括对下属的雇用、训练、评价、报酬、提升、表扬、批评、干预以致开除。

（3）联络者角色。作为组织的联络员，经理通过各种正式的和非正式的渠道来建立和维持本组织同外界的联系，如参加外部各种会议，参加各种社会活动和公共事务，与其他企业的经理互相访问或互通信息，同政府和其他机构的人员进行各种正式和非正式的交往等。

2. 信息情报方面

（1）信息接收者角色。一个企业在运行活动中，情况不断变化而产生大量的信息情报。管理者要善于获取各种信息，掌握各种情况，这是信息接收者的角色。

（2）信息传播者角色。经理把有关事实的信息或有关价值的信息传播给他的组织和下属，使下属了解情况，便于对他们的日常工作和决策的制定进行引导。

（3）发言人角色。经理的信息传播者角色所面向的是组织内部，而其发言人角色则面向外部，发言人角色要求他向供货者、同业组织、其他组织的总经理、政府机构、顾客以及新闻界传递有关本企业的计划、政策和成果等信息。

3. 决策方面

（1）企业家角色。经理作为企业的领导人，有责任确定企业的发展方向，在其职权范围内充当本企业许多变革的发起者和设计者。

（2）故障排除者角色。在企业内部出现矛盾和纠纷时，管理者要面对现实，解决矛盾，排除障碍，起到纠纷调解者的作用。

（3）资源分配者角色。根据计划的需要，安排自己的时间、安排工作，给有关部门调配人力、物力和财力资源。

（4）谈判者角色。企业不时地要同其他组织或个人进行重大的谈判，这种谈判通常是由经理带队进行的。

上述10种角色是一个互相联结的整体，不能割裂开来。经理的10种角色表明，经理有以下几项基本任务：保证企业实现其基本目标；设计和维持企业的业务稳定性；负责企业的战略决策系统；在企业同环境之间建立起关键的信息联系；负责企业的等级制度的运行。

明茨伯格的经理角色学说，给人们认识管理者的角色提供了一个更为系统，也与现实结合得更为密切的一种观察角度。

（三）企业管理者基本技能

所谓管理者技能是指管理者把各种管理理论与业务知识应用于实践、进行具体管理、解决实际问题的本领。能力与知识是相互联系、相互依赖的。基本理论和专业知识的不断积累与丰富，有助于潜能的开发与实际才能的提高；而实际能力的增长与发展，又能促进管理者对基本理论知识的学习消化和具体运用。

通常，管理者应具有三种基本管理技能：技术技能、人际技能、概念技能。

1. 技术技能

技术技能是指从事自己管理范围内的工作所需的技术和方法。需要注意的是，技术技能不是从工程技术角度讲的，而是指管理人员的管理技能，包括决策技术、计划技术、诊断技术、组织设计技术、评价技术等。例如，一个财务管理人员应该具有撰写财务报告、进行财务分析的技能，一个营销管理人员应该具有撰写市场调研报告、进行市场分析的技能。

对于管理者来说，必须要掌握和运用各种管理技术。技术技能对基层管理者来说尤为重要，因为基层管理者大部分时间都从事训练下属人员或回答下属人员有关具体工作方面的问题，必须知道如何去做各种工作。具备技术技能，方能更好地指导下属工作，更好地培养下属，才能成为受下属尊重的有效管理者。

2. 人际技能

人际技能是指与人共事、激励或指导企业中的各类员工或群体的能力，是以合适的方式与人沟通的能力。人际技能包括表达能力、正确对待他人、处理和协调企业内外人际关系的能力，激励和诱导企业内工作人员的积极性和创造性的能力，正确地指导和指挥企业成员开展工作的能力。

由于管理是一种群体性的工作，主要是针对人的，因此，对于各个层次的管理者而言，人际技能都具有同等重要的意义。在同等条件下，人际技能可以有效地帮助管理者在管理工作中取得更大的成效。

3. 概念技能

概念技能是指对事物的洞察、分析、判断、抽象和概括的能力。作为一个管理者，要能够快速敏捷地从混乱而复杂的环境中辨清各种因素之间的相互关系，抓住问题的实质，并根据形势和问题果断地做出正确的决策。概念技能包括形势判定能力、分析和概括问题的能力，以及提出新的思想的能力。

出色的概念技能可使管理者做出更佳的决策。概念技能对高层管理者来说尤其重要。对管理者来说，概念技能是最重要的也是最难培养的。处理竞争对手市场策略的变化、政府政策的改变、内部机构的重组等问题时都需要概念技能。

成功的管理者应具备较高的技术、人际、概念技能，但由于各个层次的管理者所承担的主要职责不同，因此对于不同层次的管理者而言，这三种技能的重要程度也是不同的。一般地，对于高层管理者，最重要的是概念技能，因为由高层管理者负责的计划、政策、决策都需要有理解各种事物间相互关系的能力；而对于基层管理者来说，由于他们最接近现场作业，所以技术技能格外重要；由于管理者的工作对象是人，因此人际技能对于各个层次的管理者来说都是重要的。多方面的管理技能是管理者提高管理有效性的必要条件，管理者应通过各种途径提升自己的管理技能水平。

第三节 企业管理的内容与方法解读

一、企业管理的内容

企业管理这项管理工作，包括企业的决策、协调与控制等各个方面。企业管理具有较多的内容，主要包括以下七个方面：

（1）计划管理与目标管理。计划管理与目标管理具有密切联系，起着促进各项经营活动统一的作用。

（2）生产管理。生产管理以生产系统的设置和运行为主要管理对象，也被称为生产控制。

（3）物资管理。物资管理包括对所需物资的采购、使用、储备等行为的管理与控制，就这方面而言，企业必须紧跟时代发展的步伐，转变传统的"计划型"物资管理模式，才能在日益激烈的市场竞争中，为企业发展创造有利的条件。

（4）质量管理。质量管理实际上是指确保产品及服务的质量而实施的多方面管理控制。

（5）成本管理。成本管理包括企业在生产经营过程中，各项成本的核算、分析、决策以及控制等管理活动。

（6）财务管理。财务管理是企业对各项资金的分配与使用进行管理，主要包括筹资、投资、营运资金、利润分配四个方面。

（7）人力资源管理。人力资源管理包括的内容有人力资源战略的制定、员工的上岗就业及提拔、培训与开发、绩效与薪酬、员工的流动、安全与健康等管理。

二、企业管理的主要方法

按其作用原理，管理方法可分为经济方法、行政方法、制度规范方法、社会学心理学方法和技术方法等。

（一）经济方法

经济方法是指依靠利益驱动，利用经济手段，通过调节和影响被管理者物质需要而促进管理目标实现的方法。经济方法的主要形式有产值、销售收入、利润、工资、奖金、罚款、定额管理、经营责任制等。

企业管理中的经济方法具有三个明显的特点：一是利益驱动性，被管理者是在经济利益的驱使下去采取管理者所预期的行为；二是普遍性，经济方法被整个社会所广泛采用，并且也是管理方法中最基本的方法，特别在经济管理领域，是最重要的管理方法；三是持久性，作为经济管理的最基本方法，经济方法被长期采用，而且，只要科学运用，其作用也是持久的。但经济方法也有其局限性，如可能产生明显的负面作用，会使被管理者过分看重物质利益，影响其工作积极性、主动性和创造性的发挥。

（二）行政方法

行政方法是指依靠行政权威，借助行政手段，直接指挥和协调管理对象的方法。行政方法的主要形式有命令、计划、指挥、监督、检查、协调等。

企业管理中的行政方法也有其明显特点：一是强制性，行政方法的采用主要依靠行政权威，强制被管理者执行；二是直接性，行政方法是采取直接干预的方式进行的，其作用明显、直接、迅速；三是垂直性，行政方法反映了企业组织内部明显的上下行政隶属关系，是完全垂直领导的；四是无偿性，行政方法是通过行政命令方式进行的，不直接与报酬挂钩。行政方法也有其局限性，如由于强制干预，容易引起被管理者的心理抵触，单纯依靠行政方法很难进行持久的有效管理。

（三）制度规范方法

制度规范方法是指借助企业组织的规章制度，严格约束管理对象为实现组织目标而工作的方法。制度规范方法的主要形式有组织内部的规章制度、工作标准、工作程序等。

制度规范方法的特点包括：一是具有高度强制性，凭借依靠组织权威制定的制度来进行强制性管理，其强制性大于行政方法；二是规范性，是采用规范进行管理的一种形式，属于"法治"而非"人治"，这增强了管理的规范性，而限制了人的主观随意性。其局限性是对于特殊情况有适用上的困难，缺乏灵活性。

（四）社会学心理学方法

社会学心理学方法是指借助社会学和心理学原理，运用教育、激励、沟通等手段，通过满足管理对象心理需要的方式来调动其积极性的方法。社会学心理学方法的主要形式有宣传教育、思想沟通、各种形式的激励等。

社会学心理学方法的特点包括：一是自觉自愿性，主要通过被管理者内心受激励，而使其自觉自愿去实现目标的方法，不带有任何强制性；二是持久性，这种方法是基于被管理者的觉悟和自觉服从，因此其作用持久，不易出现负面影响。

（五）技术方法

技术方法是指采用自然科学的成果，如数学、计算机以及各种信息、网络技术，努力实现管理和办公手段的现代化。技术方法的主要形式有定量方法、信息技术、网络技术等。

技术方法的特点包括：一是具有客观性，采用诸如数学、计算机以及其他自然科学技术等技术性方法，在管理工作中可以较好地规避主观认识上可能的偏见；二是高效性，可以有效提高管理工作的效率。

　　企业管理者无论采用哪一种管理方法，都必须弄清其作用的客观依据是什么，方法作用于哪个方面，是否能产生明显的效果，还有方法本身的特点与局限。要善于灵活地选择方法，综合、系统地运用各种方法，以求实现管理方法的整体功效。

第二章 企业人力资源管理与数据化管理变革

第一节 企业人力资源管理概述

一、人力资源管理的概述

（一）人力资源含义、特性及构成

1. 人力资源含义

经济学把为了创造物质财富而投入于生产活动中的一切要素通称为资源，包括人力资源、物力资源、财力资源、信息资源、时间资源等，其中人力资源是一切资源中最宝贵的资源，是第一资源。

人力资源有广义和狭义之分，广义的人力资源是指智力正常的人；此书中涉及的是狭义的人力资源，主要指在一定的时间和空间条件下，劳动力数量和质量的总和；或组织内具有劳动能力的人的总和，或一定范围内具有为社会创造物质和精神财富、从事体力劳动和智力劳动的人的总和。

2. 人力资源特性

人力资源作为一种特殊的资源，与其他资源相比，具有以下特性：

（1）主观能动性

人力资源具有思想、感情和思维，是有计划有目的地在使用自己的脑力和体力，具有主观能动性，这是同其他资源最根本的区别。其他资源在被开发的过程中，完全处于被动的地位。人力资源则不同，它在被开发的过程中，有思维与情感，能对自身行为做出抉择，能够主动学习与自主地选择职业，更为重要的是人力资源能够发挥主观能动性，有目的、有意识地利用其他资源进行生产，推动社会和经济的发展。

（2）创造性和时间性

人力资源具有创造性思维的潜能，能够在人类活动中发挥创造性的作用，既能创新观念、革新思想，又能创造新的生产工具、发明新的技术。时间性是指人力资源的形成与作用效率要受其生命周期的限制。作为生物有机体的个人，其生命是有周期的，每个人都要经历幼年期、少年期、青年期、中年期和老年期。其中具有劳动能力的时间是生命周期中的一部分，各个时期资源的可利用程度也不相同。人力资源的开发与管理必须尊重人力资源的时间性特点，做到适时开发、及时利用、讲究时效，最大限度地保证人力资源的产出，延长其发挥作用的时间。

（3）社会性

自然资源具有完全的自然属性，不会因为所处的时代、社会不同而变化，比如古代的黄金和现代的黄金、中国的黄金和南非的黄金都是一样的。人力资源则不同，其所具有的体力和脑力明显地受到民族文化和社会环境因素的影响，从而具有社会属性。社会政治、经济文化的不同，必将导致人力资源质量的不同，比如古代人力资源质量远远低于现代，发达国家整体的人力资源质量也明显高于发展中国家。

（4）消费性和再生性

人力资源作为一种"活"资源，无论是存在还是被开发利用都离不开消费。劳动者个人既是生产者，又是消费者。组织在进行人力资源开发和利用时，必须注意劳动者具有生存、享受和发展的物质需要。经济资源分为可再生性资源和非再生性资源两大类。非再生性资源最典型的是矿藏，如煤矿、金矿、铁矿、石油等，每开发和使用一批，其总量就减少一批，不能凭借自身的机制加以恢复。另外一些资源，如森林，在开发和使用过后，只要保持必要的条件，还可以再生，保持资源总体的数量。人力资源也具有再生性，它基于人口的再生产和劳动力的再生产，通过人口总体内个体的不断更替和"劳动力耗费—劳动力生产—劳动力再次耗费—劳动力再次生产"的过程得以实现。同时，人的知识与技能陈旧、老化也可以通过培训和再学习等手段得到更新。当然，人力资源的再生性不同于一般生物资源的再生性，除了遵守一般的生物学规律之外，它还受人类意识的支配和人类活动的影响。从这个意义上来说，人力资源要实现自我补偿、自我更新、持续开发，就要求人力资源的开发与管理注重终身教育，加强后期的培训与开发。

3. 人力资源构成

人力资源的构成内容主要有：体质、智质、心理素质、品德、能力素养和情商等。

（1）体质。体质是指身体素质，包括身体的忍耐力、适应力、抗病力和体能等。

（2）智质。智质是指学习的速率。智质的好坏主要取决于六种能力：记忆能力、感知能力、理解能力、思维能力、接受能力和应变能力。

（3）心理素质。心理素质包括情绪的稳定性、心理承受力、心情心态、心理应变能力和适应能力等。

（4）品德（道德品质）。良好的品德可以概括为：仁、义、礼、智、信。它是评估人力资源质量的第一要素。

（5）能力素养。能力素养是指一个人学历、经历、阅历的结晶，可以概括为知识总量、理解能力、战略能力、决策能力、研究能力、组织能力、判断能力、创新能力、人际沟通能力、推理能力、应变能力、分析能力、语言表达能力及学习能力等。

（6）情商（EQ）。即情感商数，指的是个人对自己情绪的把握和控制，对他人情绪的揣摩驾驭，以及对人生的乐观程度和面临挫折的承受能力。情商一般包括五个方面：一是认识自身的情绪，因为只有认识自己，才能成为自己生活的主宰；二是能妥善管理自己的情绪，即能调控自己；三是自我激励，它能够使人走出生命中的低潮，重新出发；四是认知他人的情绪，这是与他人正常交往，实现顺利沟通的基础；五是人际关系的管理，即领导和管理能力。

（二）人力资源管理及其作用

1. 人力资源管理含义的理解

人力资源管理（HRM）是指在人本思想指导下，通过招聘、选择、培训、考评和薪酬等管理形式对组织内外相关人力资源进行有效运用，满足组织当前以及未来发展的需要，保证组织目标的实现与组织成员发展的最大化。人力资源管理的含义可以从以下两个方面来理解：

（1）对人力资源数量的管理。对人力资源数量的管理主要是根据人力和物力及其变化，对人力进行恰当的培训、组织和协调，使二者经常保持最佳比例和有机的结合，使人和物都能充分发挥出最佳效应。

（2）对人力资源内在质量的管理。对人力资源内在质量的管理主要是指采用现代化的科学方法，对人的思想、心理和行为进行有效的管理，充分发挥其主观能动性，以实现组织目标。

2. 人力资源管理作用

企业管理是随着社会经济的发展、企业间的相互竞争而不断发展的，已经经历了几个不同的历史发展阶段。在信息技术迅速发展、经济全球化的当前，管理者越来越认识到：现代企业管理的重心已经由过去对物的管理转移到对人的管理上，也就是说，对人的管理是现代企业管理的核心。人力资源管理核心地位的确立，取决于其在现代企业中的重要作用。

（1）推动企业发展的内在动力。人力资源是推动生产力前进的决定性因素，具有能动性和创造性，这是人与物最本质的不同。科学化的人力资源管理是以企业中的员工为本的管理，其中心任务是有效地开发和利用各级员工的潜能。无论是员工的招聘、录用、晋升、培训、绩效管理、薪酬福利制度的制定，还是协调人力资源与其他资源之间的关系，并在时间和空间上使人力资源同其他资源形成最优配置，目的都是有效地开发利用组织的人力资源，挖掘潜力，降低消耗，提高效率，推动组织持续不断发展。

（2）使企业赢得人才的制高点。随着科学技术的迅速发展，市场需求的变化，企业间的竞争主要是人才、资本、技术、产品和市场的竞争，但归根结底是人才的竞争。哪个企业拥有高素质的人才，哪个企业就能开发、引进、采用最新技术，利用最新最有效的经营战略和战术，生产出高技术含量、高品质、高附加值的产品和提供最优质的服务，从而在激烈的市场竞争中取胜。这里所阐述的高素质人才指的是：具有经营战略头脑的企业家人才；掌握并具有开发能力的管理和技术人才；具有敬业、创新精神、训练有素的员工队伍。现代化的人力资源管理，不仅为企业选拔和配置高素质的人才奠定了可靠的基础，也为企业赢得人才，进而取得资本、技术、产品和市场的竞争优势，提供了必要的决策依据。

（三）人力资源管理职能与内容

1. 人力资源管理职能

人力资源管理的职能至少包括以下五种：

（1）吸收、录用。这项职能包括以下活动：工作分析确定岗位的具体要求；提出人员补充计划；吸引有资格的应聘者；采用科学的方法选择录用符合岗位要求的合适人选。

（2）保持。既要保持员工的工作积极性、主动性和创造性，又要给员工保持安全、健康、融洽的工作环境和氛围。

（3）发展。通过培养、教育和训练，促进员工知识、技能等综合素质的提高，并对员工进行职业生涯规划的指导，使员工在进步提高的同时，实现自己的职业目标。

（4）评价。采用科学的方法对员工的工作态度、行为、技能、工作成果等进行考核和评价，并针对考评结果提出相应改进的意见和建议。

（5）调整。通过人力资源信息系统，及时跟踪了解员工与工作相关的知识、技能水平和综合素质的变化，以便能及时调整到最适合的职位上。

2. 人力资源管理内容

人力资源管理包括的主要内容见表 2-1[①]。

表 2-1　人力资源管理的主要内容

内容名称	内容概述
工作分析与设计	界定组织内各职位所从事的内容和承担的职责，确定各职位所要求的任职资格条件
人力资源规划	预测组织一定时期内的人力资源供给和需求，根据预测结果制定平衡供求的政策
招聘与甄选	通过各种渠道吸引符合组织空缺职位的应聘者，采用科学的方法和测评技术甄选所需要的人力资源
员工培训	建立培训体系，进行培训需求分析，制订培训计划，组织实施，并对培训效果进行评估和反馈
职业生涯管理	组织和员工个人对职业生涯进行设计、规划、执行、评估和反馈。包括员工自我管理和组织协助员工规划其职业生涯发展，为员工提供实现职业生涯目标的各种机会
绩效管理	按照一定的程序、采用一定的方式方法，根据预先设定的考评指标和标准，对员工的工作态度、工作行为、工作能力和工作结果进行测量、考核和评价，找出存在的问题并加以改进。包括绩效管理程序系统和绩效管理制度系统
薪酬福利管理	确定薪酬结构和水平，实施岗位评价，制定薪酬制度，进行福利项目和标准的管理
劳动关系管理	协调劳动关系，构建并维护企业文化，营造良好的工作氛围与和谐的工作关系

---

①　葛元月：《现代人力资源管理》，北京理工大学出版社 2012 年版。

（四）人力资源管理与人事管理之间的区别

现代人力资源管理和传统的人事管理不仅仅是名词的转变，在性质上已有了本质上的差异。人力资源管理与人事管理的区别见表2-2[①]。

表 2-2　人力资源管理与人事管理的主要区别

项目	现代人力资源管理	传统人事管理
管理观念	视员工为有价值的最重要资源	视员工为成本负担
管理形式	动态管理	静态管理
管理内容	以人为中心	以事为中心
管理策略	战略与战术性相结合的管理	战术或业务性管理
管理体制	主动、注重开发	被动、注重管好
管理层次	决策层（生产与效益部门）	执行层（非生产、非效益部门）
管理方式	人性化管理、参与、透明和谐、合作、尊重、民主挑战、变化	制度控制、物质刺激对立、抵触、命令、独裁执行、记载
管理手段	以计算机为主、及时准确	手段单一、以人工为主
管理技术	科学性与艺术性相结合，采用新技术、新方法，测评技术系统	照章办事、机械呆板

二、人力资源管理的基本原理

人力资源管理的基本原理揭示出了人力资源管理的内涵，对现实中的人力资源管理工作有着重要的指导意义。

（一）要素有用与个体差异原理

1. 要素有用原理

在人力资源管理过程中，首先要遵循的一个宗旨就是任何要素都是有用的。换言之，没有无用之人，只有没用好的人。需要承认人人有其才，即每个人都有他的"闪光点"，都有其突出的地方。比如有的人创新能力很强，有的人组织协调能力很强，有的人表达能力和自我展示能力很强，还有的人对社会经济发展变化适应的能力很强等。这种差异要求

---

① 葛元月：《现代人力资源管理》，北京理工大学出版社 2012 年版。

人力资源开发工作者要有深刻的认识，对人不可求全责备，而是在人力资源配置过程中要注意合理地搭配组合人才，充分发挥每个人的长处和优势，而不是只采用淘汰的办法，使人人都有不安全感。

2. 个体差异原理

个体素质差异是人力资源素质测评存在的客观基础。个体差异原理是在遗传、环境和个体能动性三个因素共同作用下形成和发展的。个体差异主要包括两方面：一是能力性质、特点的差异，即能力的特殊性不同；二是能力水平的差异。承认人与人之间能力水平上的差异，目的是为了在人力资源的利用上坚持能级层次原则，各尽所能，人尽其才。

（二）能级层次与互补增值原理

1. 能级层次原理

能级层次原理指的是具有不同能力层次的人，应安排在要求相应能级层次的职位上，并赋予该职位应有的权力和责任，使个人能力水平与岗位要求相适应。

组织中的所有职位，都要根据业务工作的复杂程度、难易程度、责任轻重及权力大小等因素，统一划分出职位的能级层次。不同的能级应该有明确的责、权、利。责不交叉，各负其责；权要到位，责权相应；利与责权相适应，责是利的基础。要做到在其位、谋其政，行其权、取其利。各人所对应的能级不是固定不变的，当一个人的能力层次上升了，其所对应的职位能级也必然发生变化。

2. 互补增值原理

由于人力资源系统每个个体的多样性、差异性，每个人各有所长、各有所短，通过个体之间取长补短，可以发挥个体优势，并形成整体功能优化。当个体和个体之间、个体与群体之间具有相辅相成作用的时候，互补产生的合力要比单个人的能力简单相加而形成的合力大得多，群体的整体功能就会被正向放大。互补增值原理最重要的是要"增值"，互补的一组人必须有共同的理想和目标。其中，互补的内容主要包括以下六点：

（1）知识互补。不同知识结构的人思维方式不同，他们互为补充，就容易引起思想火花的碰撞，从而获得最佳方案。

（2）性格互补。一个集体中，若每个个体各自具有不同的性格特点，而且具有互补性，那么，作为一个整体而言，这个集体就易于形成良好的人际关系和胜任处理各种问题的良好的性格结构。在性格方面应该刚柔并济，比如一个组织中既要有踏踏实实的"管家型人才"，也要有敢闯敢冲的"将军型人才"和出谋划策的"协调型人才"。

（3）能力互补。能力互补即一个组织中应集中各种能力的人才，既要有善于经营管理的，也要有善于公关协调的，还要有善于搞市场营销的和做行政人事的等。

（4）性别互补。性别互补是指既发挥女性细心、耐心的优势，又展示男性粗犷、坚强的一面，各展其优，各施所长。

（5）年龄互补。一个组织中，既要有经验丰富、决策稳定的老年人，也要有精力充沛、反应敏捷的中年人，还要有勇于开拓、善于创新的青年人。不同年龄段的人相互补充，组织效率会更高。

（6）关系互补。每个人都有特殊的社会关系，包括亲戚、朋友、同学、同乡等。如果一个集体中，每个人的社会关系重合不多，具有较强的互补性，那么从整体上看，就容易形成集体的社会关系优势。

（三）激励强化与投资增值原理

1. 激励强化原理

激励强化原理又称效率优先原理，是指通过奖励和惩罚，使员工明辨是非，对员工的劳动行为实行有效激励（根据人们需求的变化，激励应逐步向个性化方向发展，应根据不同层次、不同性格员工的不同需求，采用多样化、个性化的激励方式），激发员工的潜力，使之产生实现组织期望目标的特定行为。

人的潜能是巨大的，按照2∶8黄金定律和管理学家统计研究结果，一个计时工只要发挥个人潜力的20%~30%即可保住饭碗，但通过恰当的激励，这些工人潜能可能发挥出80%~90%。可见，激励可以调动主观能动性，强化期望行为，从而显著提高劳动生产率。

各级主管应当充分有效地运用各种激励手段，对员工的劳动行为实行有效激励。例如，对员工有奖有惩、赏罚分明，才能保证各项制度的贯彻实施，才能使每个员工自觉遵守劳动纪律，严守岗位，各司其职、各尽其力。除此之外，通过企业文化的塑造，特别是企业精神的培育，教育、感化员工，可以提高组织的凝聚力和员工的向心力；通过及时的信息沟通和传递，以及系统的培训，可以使员工掌握更丰富的信息和技能，促进员工观念、知识上的转变和更新，这些都是有效的激励手段。

2. 投资增值原理

投资增值原理是指对人力资源的投资可以使人力资源增值，而人力资源增值是指人力资源品位的提高和人力资源存量的增大。劳动者劳动能力的提高主要靠两方面投资：营养保健投资和教育培训投资。一个人要想提高自己的劳动能力，就必须在营养保健和教育培训方面进行投资；任何一个国家要想增加本国人力资源存量，就必须加强教育投资，完善社会医疗保健体系。

（四）弹性冗余原理

弹性冗余原理是指人力资源聘任、使用、解雇、辞退、晋升等过程中必须留有充分的余地，保持弹性。"弹性"通常有一个"弹性度"，超过了这个度弹性就会丧失。人力资源也一样，人们的劳动强度、劳动时间、劳动定额等都有一定的"度"，超过这个"度"进行开发，只会使人身心疲惫、精神萎靡不振，造成人力资源的巨大损失。弹性冗余原理包括以下主要五点内容：

（1）确定员工编制。确定员工编制时应留有一定的余地，使企业有吸纳贤才的空间和能力。

（2）员工使用要适度、有弹性：①需要考虑劳动者体质的强弱，使劳动强度具有弹性；②需要考虑劳动者智力的差异，使劳动分工具有弹性；③需要考虑劳动者年龄、性别的差异，使劳动时间有适度的弹性；④需要考虑劳动者性格、气质的差异，使工作定额有适度弹性；⑤需要考虑行业的差异，使工作负荷有弹性。人力资源的使用要在充分发挥和调动人力资源的能力、动力和潜力的基础上，主张松紧合理、张弛有度、劳逸结合，努力创造一个有利于促进劳动者身心健康、提高劳动效能的工作环境，要注意防止和克服管理中的消极弹性，使人们更有效、更健康、更有利地开展工作。

（3）企业目标的确定要有弹性。企业目标的确定要有弹性，经过努力无法达到的目标会使员工丧失信心。

（4）解雇或辞退员工。解雇或辞退员工时，一定要事先做好充分的调查，留有余地，使被辞退的员工心服口服，同时对其他员工起到教育和警戒的作用。

（5）员工晋升。员工晋升要有弹性，不成熟的人才可以暂缓晋升。晋升应该坚持公开、公平、公正的原则。

（五）动态适应与系统优化原理

1. 动态适应原理

动态适应原理是指在人员配备过程中，人与事、人与岗位的适应性是相对的，不适应是绝对的，从不适应到适应是一个动态的过程。随着事物的发展，适应又会变为不适应，又要不断调整以达到重新适应。这种"不适应—适应—再不适应—再适应"是循环往复的过程。所以，人员配备和调整不应该是一次性活动，而是一项经常性的工作。

现代社会是动态的社会，物质在动，信息在动，人力资源也在不断地流动。对个人而言，有主动择业的权利；对于组织而言，则可以对人的工作进行适时的纵向或横向调整；对于国家而言，可以通过制定政策，引导人才合理流动。人才流动是绝对的，人才在流动中寻找适合自己的位置，组织则在流动中寻找适合组织要求和发展的人才。所以人力资源开发要正确地认识流动，保持一种动态性开发的态势，促进人才在流动中得到优化配置。

2. 系统优化原理

系统优化原理是指人力资源系统经过组织、协调、运行、控制，使其整体性能获得最优绩效的过程。在这方面，表现最为简单的就是有关企业组织架构的设计，这便是人力资源部门为了满足系统优化而进行的战略性人力资源调整。系统优化原理是人力资源开发与人力资源管理中最重要的原理。人力资源的系统优化原理包括以下内容：

（1）系统的整体功能不是简单地等于部分功能的代数和。整体功能可能出现大于、等于或小于部分功能之和三种情况。

（2）系统的整体功能必须达到最大，也就是在大于部分功能之和的各值中取其最优。

（3）系统的内部消耗必须达到最小，系统内耗的原因主要是系统人员因目的分歧、利益冲突而导致的相互摩擦与能量抵消。减少内耗主要应采取目标整合、利益协调等措施。

（4）系统内人员状态达到最佳。系统最佳状态表现为系统内人员身心健康、目标一致、奋发向上、关系和谐、充满快乐。

（5）系统对外的竞争能力必须最强。系统对外的竞争力取决于系统对外部环境的适应力与系统内的凝聚力。人力资源系统面对的系统要素是人，而人具有复杂性、可变性和社会性。因此，要达到人的群体功效最优，必须注意协调。

三、人力资源管理的发展情况

人力资源管理理论的发展经历了漫长的发展过程，了解人力资源管理的发展史有利于管理者选择更适宜的人力资源管理方法。

（一）早期人事管理

早期人事管理即18世纪中期至19世纪中期。18世纪中后期以来，在以蒸汽机为代表的第一次工业革命的推动下，工厂制度逐步建立，人逐步成为机器的主宰并进一步推动了生产的发展，科学方法第一次脱离经验工作发展成为独立的知识形态，小规模的作业方式被大规模的机器生产代替，人与物的供求与协调成为当时管理的重要内容。

（1）亚当·斯密的劳动分工观点。该观点主张劳动分工能提高劳动生产率的原因在于它提高了单个工人技巧和熟练程度，节约了工作变换时间，强调了工人作业管理的重要性。

（2）欧文的人事管理实践。罗伯特·欧文在人事管理实践和人的教育方面做出了积极贡献。他于1800—1828年间在苏格兰自己的几个纺织厂内进行了大规模的试验，在实践中他摒弃过去那种将工人当作工具的做法，尝试着改善工人劳动条件，诸如缩短雇员的劳动时间，为雇员提供厂内膳食，设立按成本向雇员出售生活必需品的工厂商店等，从人的角度来探索管理方法。后人把他称为"现代人事管理之父"。

（3）教育培训工作的兴起。科学和生产力的发展，要求人们重视文化知识在生产中的应用，开始通过专门教育和培训使劳动者获得科技知识和技能，提高劳动者的素质。教育培训工作的兴起是人力资源管理的萌芽阶段，该时期的人力资源管理被称为早期人事管理。

综合这一时期的人事实践活动，呈现出如下特点：第一，人事的主要工作是招募工人，即雇佣管理。面临飞速发展的机器化作业形式，工厂依赖众多的工人劳动来提高生产率，但忽视工人在工作中的实际需求。第二，"经济人"观点占主导地位。以工作或生产为中心，将人看成机器，忽视人性的存在，对人的主要管理方式是以强权管理为主。第三，在工作中确立了工资支付制度和劳动分工，明确了工作岗位和职责。第四，初步出现了管理阶层。有专门监督工人的监工承担管理工人工作的任务。

（二）传统人事管理

传统人事管理时期即19世纪末至20世纪初。这一时期的管理主要以事为中心，所以这一阶段形成的理论称为"古典管理理论"。其中以科学管理理论、一般管理理论和行政组织理论为代表。

（1）科学管理理论。科学管理重点探讨如何提高工人劳动生产率的问题。该理论认为单个工人的生产率决定着整体效益的提升。

（2）一般管理理论。该理论主张将生产过程中每个工人劳动专业化，使每个管理人员各负其责，以减少人力浪费，提高工作效率，增加产量。强调在用人中，必须授之以权、委之以责，使权力和责任互为因果，权责结合起来。

（3）行政组织理论。行政组织体系的主要特点包括：一个组织为实现其目标，将所需要的全部活动都划分为各种基本的作业，将它作为任务分配给组织中的各个成员，也就是"因事设人"；组织中人员的任用，完全根据职位上的要求，通过正式考试或教育训练来实现。每一个职位上的人员必须称职，同时也不能随意免职等。

在以上这些论述中，都包含着极丰富的对人的管理的思想。这些人力管理思想不仅在当时起了重要作用，而且对以后人力资源管理理论的发展也有着深远的影响。

（三）人本管理

人本管理时期即 20 世纪中期，西方人力资源管理理论在这个时期的发展出现转折。在组织管理中从对事的管理转向了对人的管理，强调重视人的因素，致力于从人的行为本质中激发出工作动力的研究。

1. 人际关系理论

人际关系理论是作为科学管理的对立面而出现的。科学管理理论强调为工人提供标准的操作方案和刺激办法，进行严格的管理，生产率就可以提高。而人际关系学者则把注意力集中到人的因素方面来。

人际关系理论的观点即人是社会人而不是经济人，组织中存在非正式组织并发挥着重要作用；工人的态度是决定提高劳动生产率的因素而非科学管理方法。这为后来"行为科学"的产生与发展奠定了基础。

2. 工业心理学

工业心理学时期的基本主张可概括为三句话，即"最合适的人""最合适的工作""最理想的效果"。所谓"最合适的人"，就是研究不同工作岗位对人员素质的要求，识辨和评价不同人员的心理品质，为他们找到最恰当的工作岗位。由此发展出了以心理学的实验方法在人员选拔、职业指导和工作安排等方面具体应用的多种技术。"最合适的工作"，就是研究并确定从每一个人那里获得最大、最令人满意产量的"心理条件"。学习和训练是最经济的提高工作效率的方法和手段，物理的和社会的因素对工作效率有较强的影响。所谓"最理想的效果"，就是研究对人的需要施加符合实际利益的影响的必要性。这些观点符合现代人力资源管理的特征，为后来人际关系学说的产生准备了条件。

3. 行为科学阶段

"行为科学"这一名称标志着一个新的研究领域的形成。该阶段是人力资源管理理论发展的重要阶段，主要代表人物有马斯洛及其人类需求层次论、赫茨伯格及其激励-保健因素理论、麦格雷戈及其 X 理论-Y 理论、大内及其 Z 理论等。行为科学家以人际关系为出发点，对组织的人事管理进行全方位的开放式管理，注意从维护良好的人际关系转到对组织人群行为的科学分析。行为科学研究的内容包括个体行为研究、动机与激励理论、群体行为研究、组织行为研究。它广泛应用于组织管理，研究如何激发人的工作积极性，提高劳动生产率，改善并协调人与人之间的关系，缓和劳资矛盾。

（四）现代人力资源管理

现代人力资源管理即 20 世纪后期至今。现代人力资源管理从社会系统学派、经验主义学派和人力资本理论三个方面进行阐述。

1. 社会系统学派

社会系统学派主张人力资源管理的社会各级组织都是一个协作系统，即由相互进行协作的各个人组成的系统。而系统的效率是指系统成员个人目标的满足程度，协作效率则是个人效率的结果。因为，协作只是个人为满足各人的"个人目标"才产生的。协作系统成员个人目标是否得到满足，直接影响到他们是否积极参加协作系统，以及对协作系统做出贡献的程度。如果协作系统成员的个人目标得不到满足，他们就会认为这个系统是没有效率的，他们就会不支持或退出这个系统。所以，归根结底，一个协作系统效率的尺度，就是它生存的能力，即它继续为其成员提供使他们的个人需要得以满足的诱导，以便使集体目标得以实现的能力。

2. 经验主义学派

经验主义学派主张组织的经理在管理中承担着重要任务，其具体表现如下：

（1）经理的工作就是激励、指挥和组织人们去做他们的工作。经理在进行管理决策时，要将当前利益和长远利益协调起来；要树立目标，并将目标有效分解传达给有关人员；要进行组织设计工作，对工作进行分类并划分成一些较小的活动，建立组织机构选拔人员等；经理要利用奖励等手段来激励员工做好工作，并利用自上而下、自下而上的沟通工作使组织活动得以协调，要对组织的所有人员的工作进行评价，要使员工得到成长发展。

（2）经理必须造成一个"生产的统一体"，这个统一体的生产力要比它的各个部分的生产力的总和更大。为造成一个"生产的统一体"，经理要克服组织中所有的弱点，并使各种资源特别是人力资源得到充分的发挥。

3. 人力资本理论

当代世界经济竞争日益激烈，而经济竞争的实质是科学技术的竞争，说到底是人才的竞争，人力资本是体现在劳动者身上、以劳动者的数量和质量表示的资本，它对经济起着生产性的作用，能使国民收入增加。

人力资本理论主张人力资本是以劳动者的质量或其技术知识、工作能力表现出来的资本。人力资本理论的主要内容如下：

（1）人力资源是一切资源中最主要的资源，人力资本理论是经济学的核心问题。

（2）在经济增长中，人力资本的作用大于物质资本的作用。在现代化生产条件下，当代劳动生产率的提高，正是人力资本大幅度增长的结果。

（3）人力资本的核心是提高人口质量，教育投资是人力投资的主要部分。人力资本包括人口数量和质量，而提高人口质量更为重要。对于企事业单位来说，人力资本的核心就是提高员工素质问题。

（4）教育投资应以市场供求关系为依据，以人力资源价格的浮动为衡量符号。当前正处在一个复杂多变的动态世界，一个国家企图制订一个一劳永逸的人才规划，然后按计划去办，这是脱离现实的。办法只有一个：有需求就有供应，那就是由市场供求调节，对各类学校的教育投资只能根据市场的需求来调节。

第二节 企业人力资源规划及其内容制定

一、人力资源规划概述

（一）人力资源规划的含义及类型

（1）人力资源规划含义。人力资源规划又称人力资源计划。人力资源规划是对人力资源部门未来要做的工作内容和工作步骤的计划。具体地说，人力资源规划是根据企业的发展规划，通过企业未来的人力资源需求和供给状况的分析及估计，由人力资源部门对企业内的职务编制、人员配置、教育培训、招聘和选择等进行的职能性计划。

（2）人力资源规划的类型。人力资源规划根据时间的长短，可分为长期规划、中期规划、年度规划和短期规划四种，具体见表2-3①。

---

① 史翠萍、周华庭、易东等：《现代人力资源管理》，浙江工商大学出版社2016年版。

表 2-3 人力资源规划的类型及其特点

规划类别	期限	适用对象
长期规划	期限为 5~10 年，具有长期规划的性质	适合于大型企业
中期规划	期限为 2~5 年，属于近期规划	适合于大型、中型企业
年度规划	一年一次，属于企业年度发展计划的组成部分	适合于所有的企业
短期规划	一种短期内的应急计划，具有较强的针对性	适用于企业短期内人力资源的调整

需要注意的是，人力资源规划与企业发展规划密切相关，它是实现企业发展目标的一个重要组成部分。企业的人力资源规划不能与企业的发展计划相背离。

人力资源规划处于整个人力资源管理活动的统筹阶段，为下一步整个人力资源管理活动制定目标、原则和方法。人力资源规划的可靠性直接关系到人力资源管理工作整体的成败。所以，人力资源规划的制订，是企业人力资源管理部门的一项非常重要的工作。

事实上，任何一个组织要维持生存、求得发展和提高效益，都离不开一支合格的具有竞争力的人力资源队伍。随着企业的发展，人力资源队伍也需要不断获得充实和提升。首先，企业的人力资源尤其是技术人员客观上要有一个长期的培养过程，因而不可能根据企业的意愿轻而易举地获得；其次，科学技术的迅速发展会导致职业和岗位的不断更新。新的职业和工作岗位在知识、技能等方面会对人力资源提出全新的和更高的要求。因此，人力资源管理部门就需要对未来的人力资源供给和需要做出科学预测，以保证根据企业的需要，及时补充所需要的人力资源，从而保证总体战略目标的实现。

（二）人力资源规划的内容

1. 人力资源规划的基本内容

企业在制订人力资源规划时，应该着重就需求预测、岗位候补、员工培养、日常管理和评估方法等方面进行考虑。

（1）需求预测。预估公司的各职务、工作地点、时间点等的员工人数需求。对雇请员工的成本、企业成长的速度、企业的年营收等进行预测。预估哪些职务可能需要多少临时员工。找出哪些员工具有退休资格，他们何时可以退休，谁会替补他们的职务，如何提前准备，避免他们退休时对公司造成负面影响。

（2）岗位候补。为企业的主要岗位和职务设计出具有持续性的候补计划。当企业出现职位空缺时，能够告知所有员工，让适合担任者替补。

（3）员工培养。寻找具有高度潜力的员工，通过资深员工带领新员工、让员工轮流参与不同工作项目等方式，培养他们的能力，帮助员工规划职业生涯。找出具有发展价值的员工，对他们的发展计划进行重点规划。发现有可能离职的业务骨干，并通过有效的手段留住他们。

（4）日常管理。掌握环境及产业的变动，包括竞争公司的动向等。找出公司中必须要加强管理的员工。

（5）评估方法。设计评估方法，以衡量人力资源方案是否有效。根据公司对职务及能力的需求，对企业的人力资源储备状况进行评估。

2. 人力资源规划的构成内容

企业人力资源规划实际上是由以下一系列具体计划所共同构成的：

（1）人力资源总体计划。人力资源总体计划陈述人力资源计划的总原则、总方针、总目标。

（2）职务编制计划。对企业的组织结构、职务设置、职务描述和职务资格要求等内容进行计划。

（3）人员配置计划。对企业每个职务的人员数量、人员的职务变动、职务人员空缺数量进行计划。

（4）人员需求计划。通过总计划、职务编制计划、人员配置计划制订人员需求计划。在需求计划中列出需要的职务名称、人员数量、希望到岗时间等。

（5）人员供给计划。人员供给计划是人员需求计划的对策性计划，主要就人员供给的方式、人员内部流动政策、人员外部流动政策、人员获取途径和获取方式等进行计划。

（6）教育培训计划。包括教育培训需求、培训内容、培训形式、培训考核等内容的计划。

（7）人力资源管理政策调整计划。明确计划期内的人力资源政策的调整原因、调整步骤和调整范围等。

（8）费用预算计划。上述各项计划的费用预算。

（三）人力资源管理的注意事项

人力资源管理部门在制订企业人力资源规划时，注意事项包括以下三个方面：

（1）考虑内外环境的变化。人力资源规划只有充分地考虑内外环境的变化，才能适应客观需要，真正做到为企业发展目标服务。内部变化主要是指销售的变化、开发的变化，或者企业发展战略的变化，还有公司员工流动的变化等。外部变化指社会消费市场的变化、政府有关人力资源政策的变化、人才市场供需矛盾的变化等。为了能够更好地适应这些变化，在人力资源规划中应该对可能出现的情况做出预测和风险分析，最好能有面对风险的应急策略。

（2）确保企业的人力资源供给。企业的人力资源保障问题是人力资源规划中应解决的核心问题。它包括人员的流入预测、流出预测、人员的内部流动预测、社会人力资源供给状况分析、人员流动的损益分析等。只有有效地保证了对企业的人力资源供给，才可能去进行更深层次的人力资源管理与开发。

（3）使企业和员工都得到长期利益。人力资源规划不仅仅是面向企业的规划，也是面向员工的规划。企业的发展和员工的发展是互相依托、互相促进的关系。如果只考虑企业的发展需要，而忽视员工的发展，则会有损企业发展目标的实现。优秀的人力资源规划，一定是能够使企业和员工得到长期利益的规划，一定是能够使企业和员工共同发展的规划。①

二、人力资源规划的需求及供给预测

（一）需求预测

1. 常用定性人力资源的需求预测方法

（1）经验需求预测法。经验预测法是最为简单的一种方法，是由管理人员利用现有的信息和资料，根据以往的经验和直觉，对未来所需要的人力资源做出预测。

经验预测法可以采用"自下而上"和"自上而下"两种方式。"自下而上"就是由直线部门经理向自己的上级主管提出用人要求和建议，征得上级主管的同意；"自上而下"就是由公司经理先拟定出公司总体的用人目标和建议，然后由各级部门自行确定用人计划。

经验需求预测法主要是凭借经验来进行的，因此用于短期预测，比较适用于规模较小或经营环境稳定、人员流动小的企业。同时提高预测结果的准确度不仅要求管理人员必须具有丰富的经验，还可以采取多人综合预测或查阅历史记录等方法。

（2）德尔菲需求预测法。德尔菲方法又名专家会议预测法。这种方法是指依靠专家的知识、经验与判断能力，对未来发展趋势做出定性估测，然后将定性资料转换成定量的估

---

① 张唐槟、杨莹：《现代人力资源管理》，西北农林科技大学出版社 2007 年版。

计值。该方法是通过综合专家们各自的意见来预测企业人力资源需求。

专家可以是管理人员，也可以是普通员工；既可以来自企业内部，也可以来自企业外部。德尔菲法须反复几轮才可以达成一致，得到对企业人力资源需求的预测结果。其特点是：专家参与、匿名进行、多次反馈及采用统计方法。

2. 常用定量人力资源的需求预测方法

（1）劳动定额预测法

劳动定额法是对劳动者在单位时间内应完成的工作量的规定，能够较为准确地预测人力资源的需求量，其公式为：

$$N = W/q(1 + R)（其中 R = R_1 + R_2 - R_3） \tag{2-1}$$

式中，N 代表人力资源需求量；W 代表组织计划期内任务总量；q 代表组织定额标准；R 代表计划期内劳动生产率变动系数；R_1 表示组织技术进步引起的劳动生产率提高系数；R_2 表示经验积累导致的劳动生产率提高系数；R_3 表示由劳动者及其他因素引起劳动的生产率降低系数。

（2）趋势分析预测法

趋势分析法是利用企业的历史数据，根据某个因素的变化趋势，建立人力资源需求量与该因素之间的函数关系，由该因素的变化推知人力资源需求量的变化，预测相应的人力资源需求。该方法假设其他的一切因素保持不变，只考虑时间因素的变化趋势，适用于经营稳定的企业。

具体做法是：将时间作为自变量，人力资源需求量作为因变量，根据历史数据，在坐标轴上绘出散点图；从而建立相应的直线趋势方程；并用最小二乘法求出方程系数，确定趋势方程；根据趋势方程可对未来某一时间的人力资源需求进行预测。其基本的计算公式为：

$$Y = a + bX \tag{2-2}$$

式中：Y 代表人数；X 代表年度。

利用最小二乘法，可以得出 a、b 的计算公式：

$$a = \bar{Y} - b\bar{X} \tag{2-3}$$

$$b = \frac{\sum_{i=1}^{n}(X_i - \bar{X})(Y_i - \bar{Y})}{\sum_{i=1}^{n}(X_i - \bar{X})^2} \tag{2-4}$$

（二）供给预测

1. 人力资源内部的供给预测方法

人力资源内部供给预测是对企业在未来某一特定时期内能够供给企业的人力资源的数量、质量以及结构进行估计。预测的方法主要是对内部供给预测而言的，预测的方法也有很多，这里只简单论述几种有代表性的方法。

（1）技能清单预测法。技能清单是反映员工工作能力特征的列表，这些特征包括员工的工作经验、受教育程度、培训经历、获取的资格证书及工作能力的评价等内容。是对员工竞争力的反映，用来帮助预测潜在的人力资源供给。人力资源规划的目的不仅要保证为企业的空缺岗位提供相当数量的员工，还要保证这些员工的质量，因此，需要建立员工能力的记录。技能清单主要用于晋升人选的确定、职位调动的决策、对特殊项目的工作分配、培训以及职业生涯规划等，可以包括所有的员工，也可以只包括部分员工。

（2）管理人员替代预测法。管理人员替代法是预测企业内部管理人员供给的简单有效的方法。在管理人员替代图中要有部门、职位全称、在职员工姓名、职位层次、员工绩效与潜力等各种信息，依次推算未来的人力资源变动趋势。

（3）人员接续计划预测法。人员接续计划法是用于预测特定职位人员供给的一种方法。它用来了解潜在的人员变动，甄选后继员工、晋升员工以及为组织的各部门追踪辞职、调离与退休等情况。

人员接续计划可以预测企业中具体岗位的人力资源供给，避免人员流动带来的损失。人力资源接续计划的过程是：首先，通过工作分析，明确工作岗位对员工的要求，确定岗位需要的人数；其次，根据绩效评估和经验预测，确定哪些员工能够达到工作要求、哪些员工可以晋升、哪些员工需要培训、哪些员工需要被淘汰；最后，根据以上数据，企业就可以确定该岗位上合适的人员补充。

制订人员接续计划，可以避免企业人力资源的中断风险。通过人员接续计划，建立后续人才储备梯队，根据职位要求提早进行相关培训，这样既培养了后备人才，又有效避免了企业的风险。

（4）马尔可夫模型预测法。马尔可夫模型法是一种定量分析预测企业内部人力资源供给的方法。它是根据企业内某项工作的人员转移的历史数据，来计算未来某一时期该项工作的人员转移的概率，即人员转移概率的历史平均值，从而来预测企业内该项工作的人力资源供给。

马尔可夫法虽然在一些国际性的大公司中得到了广泛应用，但其所估计的人员流动概率与预测期的实际情况可能有差距，因此使用这种方法得到的内部人力资源供给预测的结果也就可能会不精确，其最大的价值在于提供了一种内部人员流动的分析框架。

在许多情况下，由于内部人力资源供给往往满足不了企业的需要，尤其是当企业扩大生产规模时，就需要对企业外部人力资源供给进行了解和预测。

2. 人力资源外部的供给预测方法

企业职位空缺不可能完全通过内部供给解决，企业人员因各种主观或自然原因退出工作岗位是不可抗拒的规律，这必然需要企业不断地从外部补充人员，因此需要进行外部人力资源供给预测。

企业外部人力资源供给预测主要是预测未来几年外部劳动力市场的供给情况。它不仅要调查整个国家和组织所在地域的人力资源供给情况，还要调查同行业或同地区其他企业对人力资源的需求情况。外部供给预测比较复杂，但是它对人力资源规划具有相当重要的作用。

（三）人力资源的供给与需求平衡

在整个企业的发展过程中，企业的人力资源供求不可能处于完全平衡状态，一般会出现供大于求、供小于求、供求总量平衡而结构不平衡等情况。人力资源规划的目的是使人力资源供求关系达到平衡。当供求关系失衡时，企业可采取如下调节措施：

1. 供大于求

当企业出现供大于求的情况时，可以采取以下七种措施：

（1）通过企业自身的发展，如可通过扩大经营规模、开发新产品、实行多种经营等增加人力资源需求的方式来吸收过剩的人力资源供给。

（2）撤销、合并臃肿的机构，减少冗员。

（3）鼓励提前退休、内退或下岗。

（4）减少人员补充。当出现员工退休、离职等情况时，对空闲的岗位不进行人员补充。

（5）增加无薪假期。当企业出现短期人力过剩的情况时，采取增加无薪假期的方法比较适合。比如规定员工有一个月的无薪假期，在这一个月没有薪水，但下个月可以照常上班。

（6）裁撤工作态度差、技能水平低、劳动纪律观念不强的人员。

（7）减少员工工作量和劳动时间，降低薪酬待遇。

2. 供不应求

当企业出现供不应求的情况时，可以采取以下七种措施：

（1）在企业内部择优提升补缺，提高晋升人员待遇。

（2）在企业外部招聘员工。

（3）进行技能培训，使内部员工能胜任其他职位。

（4）延长劳动时间或增加工作负荷，增加员工报酬。

（5）改进技术或重新进行岗位设计，提升员工工作效率。

（6）实行业务外包。

（7）聘用非全日制临时工。

3. 人力资源总量平衡，结构不平衡情况

当企业出现人力资源总量平衡，结构不平衡的情况时，可以采取以下三种措施：

（1）进行人员内部的重新配置，包括晋升、调动、降职等，来弥补那些空缺的岗位，满足这部分的人力资源需求。

（2）对人员进行有针对性的专门培训，使他们能够从事空缺岗位的工作。

（3）进行人员的置换，释放那些组织不需要的人员，补充组织需要的人员，以调整人员的结构。

总之，在整个企业的发展过程中，企业的人力资源状况不可能始终自然地处于平衡状态。人力资源部门的重要工作之一就是不断地调整人力资源结构，使企业的人力资源始终处于供需平衡状态。

三、人力资源规划的制订

（一）职务编制与人员配置

（1）制订职务编制计划。根据企业发展规划，结合分析报告的内容，制订职务编制计划。职务编制计划阐述了企业的组织结构、职务设置、职务描述和职务资格要求等内容。制订职务编制计划的目的是描述企业未来的组织职能规模和模式。

（2）制订人员配置计划。根据企业发展规划，结合企业人力资源盘点报告，制订人员配置计划。人员配置计划阐述企业每个职务的人员数量、人员的职务变动、职务人员空缺数量等。制订人员配置计划的目的是描述企业未来的人员数量和素质构成。

（二）人员预测

（1）预测人员需求。根据职务编制计划和人员配置计划，使用预测方法来预测人员需求情况。人员需求中应阐明需求的职务名称、人员数量、希望到岗时间等。最好形成一个标明员工数量、招聘成本、技能要求、工作类别，以及为完成组织目标所需的管理人员数量和层次的分列表。实际上，预测人员需求是整个人力资源规划中最困难和最重要的部分，因为它要求以富有创造性、高度参与的方法处理未来经营和技术上的不确定性问题。

（2）确定人员供给计划。人员供给计划主要阐述人员供给的方式（外部招聘、内部招聘等）、人员内部流动政策、人员外部流动政策、人员获取途径和获取实施计划等。通过分析劳动力过去的人数、组织结构和构成以及人员流动、年龄变化和录用等资料，就可以预测出未来某个特定时刻的供给情况。预测结果勾画出了组织现有人力资源状况，及未来在流动、退休、淘汰、升职及其他相关方面的发展变化情况。

（三）培训计划与费用预算

（1）制订培训计划。为提升企业现有员工的素质，适应企业发展的需要，对员工进行培训是非常重要的。培训计划中包括了培训政策、培训需求、培训内容、培训形式、培训考核等内容。

（2）制定人力资源管理的有关政策。明确计划期内的人力资源政策以及对原有政策进行的调整，说明调整原因、调整步骤和调整范围等。其中包括招聘政策、绩效考评政策、薪酬与福利政策、激励政策、职业生涯规划政策、员工管理政策等。

（3）编写人力资源费用预算。人力资源的费用主要包括招聘费用、培训费用、福利费用等费用的预算。这部分费用构成企业的人力资源成本，是人力资源计划的重要内容。

（四）风险分析对策

每个企业在人力资源管理中都可能遇到风险，如招聘失败、新政策引起员工不满等，这些事件很可能会影响企业的正常运转，甚至会对企业造成致命的打击。风险分析就是通过风险识别、风险估计、风险驾驭、风险监控等一系列活动来防范风险的发生。人力资源计划编写完毕后，应先积极与各部门经理进行沟通，根据沟通的结果进行修改，最后再提交企业决策层审议通过。

第三节　企业数据化管理发展与变革

一、从企业管理信息系统到 ERP

（一）企业数据化管理信息

管理信息系统是企业管理组织中的重要组成部分，它促进了经济的发展，推动了人类的进步。它的主要形式是通过网络设施和一些办公设施，进行数据的统计和核算，进行预测和完善，调整人为的决定，方便企业管理和企业效益的进一步提升。它的主要目的是为企业的发展提出更适合、更好的企业发展战略，提升企业的效率，促进企业更加良好的发展。

大型企业的内部局域网络一般来讲普及率是比较高的，而对于中小企业的管理信息系统建设，只能说是刚刚开始，甚至在有的中小企业中还没有起步。很多中小企业所配备的计算机，只能做单机使用，根本就没有发挥出它在管理信息系统中应起的作用；管理信息系统的基础设施极其薄弱，连最基本的共享，如打印共享都实现不了；至于服务于企业决策的生产信息流、管理信息流，则是根本不可能实现的。

不论是国内的还是国外的管理信息系统软件，因其控制规模不断扩大及功能的不断完善，投资应在几十万元，甚至上百万元人民币，这样的价格对于中小型企业来讲是承受不起的，同时也限制了管理信息系统的普及和应用。

对"信息资源是企业未来发展的决定性因素"的认识不够，是中小型企业领导的通病。很多中小型企业的领导满足企业现状，而看不到企业所面临的不足和潜在的危机；他们强调各种原因，只投入少量资金，去实现基本的单项信息管理；拒绝逐步地投入较多的资金去建立集成的管理信息系统。

（二）ERP 与数据挖掘

ERP（Enterprise Resource Planning，企业资源计划）由 MRP Ⅱ 演变而来，因此需要先来回顾一下 MRP Ⅱ 的发展。物料需求计划（Material Requirement Planning，MRP）是在产品结构的基础上，运用网络计划原理，根据产品结构各层次物料的从属和数量关系，以每一个物料为计划对象，以完成工作日期为时间基准倒排计划，按提前期长短区别各个物料下达计划时间的先后顺序。

MRP 是一种库存订货计划，只说明了需求的优先顺序，没有说明是否有可能实现，是 MRP Ⅱ 发展的初级阶段与基本核心。基于 MRP 上的闭环 MRP，增加了能力计划和执行计划的功能，构成一个完整的计划和控制系统，从而把需要与可能结合起来。但是，闭环 MRP 不仅没有明确执行计划后的效益，而且还不能确定这种效益是否实现了企业的总体目标。

MRP Ⅱ 最初是美国 IBM 公司在研究装配型产品的生产与库存管理问题基础之上创立的，后来得到企业的普遍认可，在制造业得到广泛应用。MRP Ⅱ 实现了物流和资金流的集成，形成了完整的生产经营信息系统。主要完成企业的计划管理、采购管理、库存管理、生产管理、成本管理等功能，其可以在周密的计划下有效平衡企业的各种资源，控制库存资金占用，缩短生产周期，降低生产成本。

对于管理界、信息界、企业界不同的表述要求，"ERP" 分别有着特定的内涵和外延。企业资源是指支持企业业务运作和战略运作的事物，依靠 IT 的技术和手段来保证其信息的集成性、实时性和统一性。ERP 最初是一种基于企业内部 "供应链" 的管理思想，是在 MRP Ⅱ 的基础上扩展管理范围，给出了新的结构。基本思想是将企业的业务流程看成是一个紧密连接的供应链，将企业内部划分成几个相互协同作业的支持子系统。

最早采用这种管理方式的是制造业，当时考虑的是企业的库存物料管理，于是产生物料需求计划系统，同时企业的其他业务部门也都各自建立信息管理系统，这些系统早期都是相互独立的，彼此之间缺少关联，形成信息孤岛，不但没有发挥 IT 手段的作用，反而造成了企业管理的重复和不协调。在这种情况之下，MRP Ⅱ 应运而生。围绕着 "在正确的时间制造和销售正确的产品" 这样一个中心，将企业的 "人" "财" "物" 进行集中管理。

ERP 的作用就是调整运用企业资源。企业发展的重要标志是合理调整和运用上述的资源，在没有 ERP 这样的现代化管理工具时，企业资源状况及调整方向不清楚，要做调整安排是相当困难的，调整过程会相当漫长，企业的组织结构只能是金字塔形的，部门间的协作交流相对来说较弱，资源的利用难以比较并进行调整。信息技术的发展，特别是针对企业资源进行管理的 ERP 系统是针对这些问题设计的，成功推行的结果必定使企业能更好地运用资源。

1. ERP 的定义

ERP 的概念于 20 世纪 90 年代由美国 Garter Group Inc. 咨询公司首先提出，其理论与系统从 MRP Ⅱ 发展而来，极大地扩展了业务管理的范围及深度，管理范围涉及企业的所有供需过程。概括地说，ERP 有如下定义：

ERP 是建立在信息技术的基础上，利用现代企业的先进管理思想，全面地集成了企业的所有资源信息，并为企业提供决策、计划、控制与经营业绩评估的全方位和系统化的管理平台。ERP 不仅仅是信息系统，更重要的是一种管理理论与管理思想，它代表了当前全球范围内应用最广泛、最有效的一种企业管理方法，这种管理方法已经通过计算机软件得到了体现。ERP 的核心管理思想就是实现对整个供应链的有效管理，包括物流、资金流与信息流。基于 ERP 理论的信息系统主要包括生产计划管理、质量管理、设备管理、采购管理、库存管理、销售管理、客户关系管理、成本管理、财务管理几个模块。

随着 ERP 应用的深入发展，ERP 的应用范围逐渐扩大，不再限于制造业，已应用到金融业、高科技产业、邮电与通信业、能源行业（电力、石油与天然气、煤炭业等）、公共事业、商业与零售业、外贸行业、新闻出版业、咨询服务业，甚至于医疗保健业和宾馆酒店等行业，因此，美国生产库存学会（American Production and Inventory Control Society，APICS）在 2002 年出版的《APICS 字典》中对 ERP 系统的定义扩展为：一种在制造、分销或服务业公司中有效地计划和控制，为接收、制造、发运和解决客户订单问题所需的所有资源的方法。从 ERP 的理论与实际应用可以看到，为企业提供决策是 ERP 的重要目的与功能之一。

2. 数据挖掘

随着信息技术的发展，人们不断积累了越来越多的数据，从大量的数据中获得有价值的知识也越来越成为迫切的需求。因此，自 20 世纪 90 年代以来，数据挖掘或知识发现也越来越受到人们的重视。广义的数据挖掘等同于知识发现，而狭义的数据挖掘专指知识发现的一个基本步骤。作为知识发现的一个步骤，数据挖掘有以下定义：数据挖掘就是从大量的数据中挖掘出有用的信息，即从大量的、不完全的、有噪声的、模糊的、随机的实际应用数据中发现隐含的、规律性的，人们事先未知的，但又是潜在有用的并且最终可理解的信息和知识的非平凡过程。与传统的数据分析手段（如查询报表）相比，数据挖掘有以下四个特点：首先，数据挖掘处理的是大量或海量的数据；其次，数据挖掘的目的是发现隐含的、事先未知的知识；再次，数据挖掘更倾向于把任务交给程序自动完成，也是人工智能的一种应用；最后，数据挖掘是一个交叉学科，是高级的数据分析手段。数据挖掘使用各种不同的算法来完成不同的任务。

数据挖掘的任务一般可以分为两类：描述和预测。描述性数据挖掘任务刻画数据库中数据的一般特性。预测性挖掘任务在当前数据上进行推断，以进行预测。

目前，数据挖掘作为知识发现的重要步骤与商业智能（BI）的核心功能，已经应用于金融、电信、体育分析、销售等多个领域，但制造业应用并不广泛。

3. ERP 中的不同应用框架

（1）应用问题描述与分析。ERP 系统涉及整个供应链的管理，产生大量的数据，其重要目的之一是提供决策支持，因此，分析利用 ERP 系统积累的数据，提高决策能力，越来越受到人们的重视。传统的方法是提供报表功能，但报表功能处理海量数据力不从心，也无法更智能地发现隐含的知识，因此，ERP 系统需要数据挖掘的应用。但是，由于 ERP 最主要的应用行业——制造业类型复杂，各个生产管理环节形成的数据种类繁多，设计通用的数据挖掘算法覆盖所有的生产问题和所有的管理环节是十分困难的。尽管大型的 ERP 系统包含数据挖掘的商业智能模块，但总体上来看，数据挖掘在 ERP 中的应用并不广泛。

（2）基于数据仓库的应用框架 ERP。数据仓库不同于业务数据库。业务数据库属于数据库技术中的操作型数据库，主要处理联机事务，关注多事务处理、数据的一致性与完整性等，重点不在于大数据量的查询与分析。而数据仓库是分析型数据库，是一种数据的长期存储，数据经过组织在一致的模式下存放，通常是历史数据的汇总，目的是为了支持决策。数据仓库的数据组织、存取方法以及支持的主要功能等都是针对历史数据的查询与分析而设计，因此数据仓库能更好地支持数据挖掘。

（3）基于 ERP 业务数据库的应用框架。尽管数据仓库技术对数据挖掘有着重要作用，但是数据挖掘不限于仅分析数据仓库中的汇总数据，它可以分析现存于 ERP 系统中的更细化的业务数据，因此，基于 ERP 业务数据库的数据挖掘标记为应用框架。在这一框架中，数据挖掘不再是建立在数据仓库上的独立系统，而是作为 ERP 系统的一个高级模块存在，一方面是对数据挖掘分析对象的扩展，另一方面也是日益重要的在线实时数据分析的要求。

二、从 ERP 到商业智能系统

近年来，ERP 正朝着具备商业智能（Business Intelligence，BI）的信息系统方向发展，以便使决策者能在更短时间内得到有效的信息，即时回应市场的变化。这是基于 Internet 的又一新业务模式。

即时有效的管理需要即时全面的信息，而烟囱式（或封闭式）的信息系统会将某一部门的信息与另一部门的信息隔绝孤立起来，因此商业智能信息系统以整合的形式将用户、潜在客户和网间网络事业伙伴等各类信息呈现给相关决策人员，提高企业在市场中的竞争能力。

（一）商业智能信息系统的概念

商业智能信息系统跨组织整合最新资料，计算关键绩效指标（Key Performance Indicator, KPI）。这些即时绩效指标可与企业计划目标比较，当差距过大时，负责的主管就要采取适当的对策。过去传统的做法不是依赖主管自己或他人的经验，就是交由幕僚人员完成评估报告。前者过于草率，后者又旷费时日，这都不是企业所能接受的解决方案。而商业智能系统的根本目的是让企业主管很方便地得到即时信息，这样就能快速解决众多棘手的商业问题。

持续改进流程与精确的商业决策是企业维持竞争优势的力量来源。因为正确的信息才能发挥合理企业流程的高效率。同时利用先进的信息技术进行流程再造去消除低效率和无附加值的活动，降低经营成本。这样改造后的企业流程就能提供整合而有效的即时信息，协助决策者做出更精确的决策。从而优质的信息与合理的流程形成了良性循环，企业就能不断创收。

商业智能信息系统是企业流程与商业决策模式的综合体现。而传统的企业资源计划系统模式固定，企业一旦应用往往要受到系统的限制，影响经营绩效。以国内的状况而言，引入信息系统以合理化流程固然刻不容缓，但却也不能因此丧失原有的弹性，要考虑到企业应对环境的变化做出快速反应。这样就提出企业资源计划系统以提供商业智能为前提，形成流程与信息的回路，协助完成企业目标，优化管理。

（二）商业智能系统的不同管理模式

首先是基于目标管理。一个企业可能有上百个绩效目标。商业智能系统是基于横跨全企业的信息系统，以取自外界的资料为辅，能即时计算跨组织的绩效目标，从而将其与同行业或工业标准相比较，便于企业了解自身的竞争优势。

其次是基于例外管理。由于能即时而持续地计算各种绩效目标，商业智能系统可监测其与计划目标的偏差。当偏差过大时，系统立即以各种通信方式，如电子邮件，通知相关负责主管。例外管理可与工作流技术相结合，进一步使整个例外处理自动化。

最后是基于事实管理。无论目标管理还是例外管理，都要以事实为基础。维持企业营运的 ERP 系统，在每日的交易之中累积无数的事实与知识。商业智能系统将企业目标、例外与事实相结合，使得主管能进一步分析原因或趋势，查询并探测相关信息。

（三）商业智能系统的核心技术

首先商业智能系统的一大基础是企业各功能组织的基础绩效指标，它们是从企业应用系统中经"萃取"计算而得的。这些应用系统包括销售、市场、客户服务、财务、人力资源、制造和供应链等。商业智能系统的绩效信息架构能根据基础指标设定企业目标，计算商业智能信息，向企业主管提供即时信息，这样企业主管就能进一步分析与查询综合或详细资料。

商业智能系统的另一基础是在前几年逐渐成熟的数据仓库技术。通过数据仓库，商业智能系统获取并装载原始资料，并以 Web 界面为企业主管提供分析与查询信息。当从其他系统载入数据时，可能须对数据进行格式转换，以合并至单一数据库。因此，数据库本身需能管理大量数据，并能以高效能处理复杂查询。如以随意查询、多维度分析、假设性问题分析等先进技术进行数据分析与查询。除此之外，系统还要建立安全机制，赋予不同用户以不同的权限，获得不同程度的信息。

三、从商业智能系统到大数据统筹

（一）大数据定义、特征

"大数据"（Big Data）这个术语的出现最早可追溯到 Apache 的开源项目 Nutch。一直以来，"大数据"仅仅是作为数据挖掘技术定义中"海量数据"的另一种表述，局限于计算机学科中的"海量数据"挖掘与处理技术等研究。随着信息技术和应用模式的高速发展，数据出现了飞速增长，数据挖掘与分析技术日趋成熟。许多研究机构与学者对大数据定义进行探讨，但对于大数据的定义，仍然莫衷一是。

1. 大数据定义

较早的是维基百科对大数据的定义："无法在一定时间内用常规软件工具对其内容进行抓取、管理和处理的数据集合。"类似的权威 IT 研究与顾问咨询公司 Gartner 将大数据定义为："在一个或多个维度上超出传统信息技术的处理能力的极端信息管理和处理问题。"美国国家科学基金会（NSF）则将大数据定义为："由科学仪器、传感设备、互联网交易、电子邮件、音视频软件、网络点击流等多种数据源生成的大规模、多元化、复杂、长期的分布式数据集。"麦肯锡的定义：大数据是指无法在一定时间内用传统数据库软件工具对其内容进行采集、存储、管理和分析的数据集合。该定义有两方面的内涵：一是符合大数据标准的数据及大小是变化的，会随着时间推移、技术进步而增长；二是不同部门符合大数据标准的数据集大小会存在差别。这四种定义均从大数据特征的视角对大数据进行定义。

大数据的定义目前虽没有统一的定论，但大数据作为一种基础性资源需要被处理才能显现其潜在的价值，那么如何更好地处理大数据这种基础性资源就显得特别重要，因为这些问题都关系到大数据核心价值的体现。

大数据作为一种基础性资源，其商业价值并非只来源于数据本身，更多来源于企业收集、存储、加工（挖掘和分析）、传递和使用大数据的能力。其实在大数据前期的研究早已提及数据筛选、整理、分析、应用能力，但并未做详细解释。基于大数据特征视角下的大数据定义更多强调了大数据规模之大，超出了现有技术手段的处理能力；而基于大数据价值视角下的大数据定义更多关注于大数据价值的实现。也有学者开始对大数据能力展开探讨，他们认为大数据的价值并不局限于数据本身，大数据只有上升到能力层面，其价值才能充分被挖掘。

2. 大数据特征

2012 年迈克菲（McAfee A）等人在 *Big data：The management revolution* 提出大数据区别于传统 "analytics" 的三个特征，即 "3V" 特征：①数据量急剧增长（volume）；②数据新增速度加快（velocity）；③数据来源多样化（variety）。这一观点得到了学者的广泛认可。之后学者在此基础上进行了进一步探讨，大数据的 "信息价值大与冗余信息多"（value）这一属性也被众多专家学者归纳为大数据的第四个特征。IBM 公司则认为大数据必须具有真实性（veracity）等，也被部分学者认为是大数据的第五个特征。

（二）大数据对决策思维的影响

决策主体的思维作为决策的重要因素，决策主体的不同思维决定决策者做出决策时的依据的不同，并体现在决策主体做出整个决策的过程中。早期就有学者对于决策思维的理论模型和分类问题做了相关研究，根据研究内容的不同分为感性决策思维模式和理性决策思维模式。研究感性决策思维的学者认为决策受到决策者思维模式、直觉顿悟、认知取向、价值取向、主观偏好等复杂的认知因素的影响。并在理论上从直觉的维度对决策思维模式进行研究。研究理性决微思维的学者认为管理随着信息技术的发展，决策不是一种依据管理者经验和直觉判断的纯粹非理性的过程，而更多地受理性因素的影响。早在前人的研究中就提出理性模型和政治行为两种模型验证这一影响。学者 James&Mark（1988）发现程序理性和政治行为都对决策效果有显著的影响。这一结果表明理性因素对管理决策的影响。

大数据时代背景下，企业尽可能全面、完整、综合地收集数据，同时使用数学方法对其进行分析和建模，挖掘出背后的关系，从而预测事件发生的概率。2012 年 McAfee A 等人则开始，在 *Big data：The management revolution* 一文中指出大数据对决策思维模式的影响，研究强调大数据对企业决策的重要性，并指出管理者的决策形式须进行改变：由基于直觉的决策变为基于数据的决策。这也为之后的学者从管理视角对大数据的影响的研究拓宽了视野。国内学者何军认为大数据改变了长期以来依靠经验、理论和思想的管理决策方式，直觉判断让位于精准的数据分析。数据驱动型决策是大数据下决策的特点。越是以数据驱动的企业，其财务和运营业绩越好。清华大学教授陈国青也强调了决策不再只是基于直觉和经验，更多应以数据为基础。其研究认为企业决策就要基于数据决策；内外融合强调企业外部数据的重要性，也强调基于内外数据的交互来做决策；管理决策过程与价值密不可分。

综上，传统管理决策依赖于管理者的经验和直觉判断的现象将会发生变化："基于直觉决策思维模式"将转变为"基于数据的理性决策思维模式"。

（三）大数据对决策文化的影响

在不同的文化作用下，企业管理决策的选择也不同。学者李树林在研究中西方决策文化时，发现决策文化作为决策的重要因素，直接影响决策者的价值取向。在确定目标、制订方案和形成决策的过程中，决策主体的文化价值观均存在并作用于其中。即使条件相同，在不同的文化作用下，决策的选择也必然不同。

在大数据时代之前，企业管理决策更多地依赖于管理层对企业内外部环境的预判，具有主观性，企业决策更多关注于管理者想的是什么？早在前人研究提出管理决策符合"资源→能力→知识→认知→决策"的逻辑演化过程。由于管理者时间精力的有限性，并不能实现信息完全，"决策由管理者制定"的决策文化也隐藏着决策失误风险。大数据时代为减少决策失误风险创造了契机。爆发式增长的数据和日趋成熟的分析技术，为更为精确的预测提供了可能性。大数据时代背景下，企业获得的数据资源更全面，分析能力日益增强。决策者获得信息更为全面，更有利于做出正确的决策。大数据时代的到来，预测的准确性提高，企业须建立真实数据驱动决策的企业文化。

四、从大数据统筹到大数据战略

（一）大数据的数据观

数据是人类用来描述自然界一切事物的一种工具。比如，描述一个人：身高 1.75 米，体重 70 千克。通过这样一组数据，就可以基本了解这个人的大概体形。过去，由于我们采集、存储和分析数据的能力很低，所以，对于事物的描述都是粗略的。虽然我们也掌握了一些数据，但是这些数据的量非常小，对于事物的描述带有很大的模糊性，使我们对于事物的认识就像"瞎子摸象"，往往了解的都是局部的情况。随着计算机水平的提高、存储能力的增强以及互联网的发展，人们对于数据的采集、存储和分析能力有了极大的提高，于是，我们对于事物的认识就可以更加全面、精确。

更为重要的是，今天数据的概念又有了扩展，不仅有我们已经熟知的报表类的结构型数据，而且还包括了办公文档、文本、图像和音频/视频信息等非结构性数据，而后者的量很大，要占到当前全部数据的 85% 左右。对于非结构型数据的分析是数据挖掘的一项突破，比如，百合网对其网上海量注册用户的头像信息进行分析，发现那些受欢迎的头像照片不仅与照片主人的长相有关，同时照片上人物的表情、脸部比例、清晰度等因素也在很大程度上决定了照片主人受欢迎的程度。例如，对于女性会员，微笑的表情、直视前方的眼神和淡淡的妆容能增加自己受欢迎的概率，而那些脸部比例占照片 1/2、穿着正式、眼神直视没有多余姿势的男性则更可能成为婚恋网站上的宠儿。对于非结构性数据的分析是大数据的一个突破，这在过去是无法做到的。

（二）数据战略的价值

在大数据时代，数据是企业非常重要的资产，应该把它看作企业内部资产的一个重要组成部分，一定要对这个资产有一个战略性的规划，比如，怎么管理数据，如何发挥数据的重要作用。对于大数据时代的企业来说，数据战略是一个非常重要的概念，它是与经营战略、财务战略等同样重要的企业战略。各类企业都需要充分认识到数据战略对整个企业的运营和对企业未来的发展方向的重要意义。但是，我们必须明确一点，大数据只是一项辅助战略，它的任务只是为企业的决策者提供决策依据。因为，相对于事物发展变化的全景信息来说，我们今天掌握的"大数据"还是太小，所以不能指望大数据能完全精确地解释一切问题。

（三）建立数据战略的方法

数据战略必须有针对性地规划管理各个阶段：

第一，数据管理阶段。这一阶段要解决的是从数据的生产到数据管理的问题。数据产生了，怎么记录下来？如何存储？这些都是数据管理的战略。

第二，数据挖掘阶段。随着企业业务的不断发展，产生的数据越来越多，数据的来源越来越多，数据的种类也越来越多。数据管理要对其进行存储、挖掘和使用。这个阶段的工作是数据仓库、数据集市、数据挖掘。

第三，数据驱动阶段。要把数据变成驱动业务的行动指针，用从数据中挖掘出来的价值，直接能够驱动企业业务。

以上三个阶段构成了数据战略的整个周期。有数据战略的小企业最终才能成为大企业。如果一个小企业每天只关注眼前发生的事情、眼前发生的数据，没有数据层面的战略，就无法发展下去。整个 IT 行业的产生和发展都在告诉我们这样的故事：小企业可以通过先进的 IT 手段，通过先进 IT 理念，通过对数据、信息更有效的使用，在竞争中获胜，甚至能够战胜大企业。

对于数据，小企业和大企业的重视程度和关注角度是不一样的。小企业在初创阶段，对于数据的管理可能更多的是在数据的产生和记录上面。也就是说，企业每天会产生很多数据，企业关注数据的特点就是想把这些交易数据或者制造流程数据记录下来。小企业更关心的是企业业务流程，要把业务流程管好，至于说数据今后发挥什么作用考虑得不多。而目前中国的大型企业对数据的重视程度实际上是非常高的，他们已经过了存储业务数据的阶段，但是他们面临一个新的阶段挑战：数据记录下来了，但是不知道怎么用。

如果从数据库的角度来看这些问题，数据产生对小企业是比较重要的，随着业务的增长，数据产生的速度会更快。以前一天才几张订单，现在忽然发现每天订单像雪片一样地来。在零售行业，以前刚开门的时候，每天有几百单生意就不错了，现在已经变成一个非常大的零售卖场，每天可能有几十万笔交易。这就使一些企业在初期阶段就面临订单接收的挑战。

企业要应对这些问题，一方面，对于大型集团企业用户，其各级子公司和分公司的 ERP 系统中每天都在生成大量的交易数据和业务数据。分散在各个业务系统中的数据无法形成集中的资源池，不能互联互通，将严重影响对大数据的统一管理与价值挖掘。因此，企业首先要通过云平台实现集团数据大集中，从而形成企业的数据资产。这是集团企业利用大数据资源的重要基础。在此之上，可以对数据资源的价值进行挖掘，促进企业数据资产化；另一方面，企业应当深度挖掘大数据的价值，推动企业智能决策。数据将成为企业的利润之源，掌握了数据也就掌握了竞争力。

（四）企业数据战略的操盘者

企业明年该往哪个方向发展，如何利用社交媒体作为我们的宣传手段，如何制订企业的营销策略，企业客户群在哪些年龄层、收入层，他们的区域是怎么分布的，这些数据对企业制定市场营销战略是非常有帮助的，对决策具有支持作用。数据和信息两个词含义差不多，但是为什么会在 CIO（首席信息官）出现以后，又出现一个 CDO（首席数据官），CDO 恰恰是把信息和数据两个词的细微差别区分开来，以前的概念是 CIO 管理着整个企业的信息化。CIO 的角色更多的是管理企业 IT 架构、运维，或者是包括一些 IT 战略、技术方面的角色。CDO 应该是和业务相关的，他的任务就是经营数据，他要通过掌握的数据使企业的业务增长，或者让企业明年战胜竞争对手。应该通过各种各样的数据手段，来产生一些价值，直接影响 CEO（首席执行官）的业务战略，或者是 CFO（首席财务官）的财务战略，通过这种方式直接影响业务的走向。这个角色很微妙，现在国内大型企业真正提到 CDO 角色的很少，甚至 CIO 的地位也并不高。很多人认为 CDO 是花钱的角色，其实这个角色可以产生很大价值。比如，企业可以给 CDO 一个任务，现在企业规划按照过去几年发展平均每年大概增长 15% 到 18%，企业可以要求 CDO 让企业在未来三年从 20% 以下的增长规模上升到 25% 到 30%，这是 CDO 的责任，CDO 要给出直接驱动的项目，直接引导市场战略，影响销售战略，产生直接价值。总之，CDO 是企业数据战略的操盘者，是大数据时代企业不可或缺的角色。

五、企业大数据下的精细化管理

企业效率低、经营差、管理弱，粗放、科技含量低、科技投入少的现状，在将来很长一段时间，或许还会存在下去。企业的整体管理提高到一定水平，不会立竿见影，需要时间的经营和实践的积累。企业在体制上求优化，在项目上找方法，管理观念改变，建立信息化高效机制是必不可少的。

现在很多企业都有自己的 OA 平台，很多企业也在研发各式各样适合自己管理模式的项目管理平台，这些平台的数据大部分都是人为编制的，没有根据实体消耗，并不能反映在实际工程之中所反映的数据。由于施工过程中实际消耗的数据，对未来企业和管理，建立企业定额有着重要的作用，重视大数据和利用大数据，是科技创新为传统建筑业带来的一次契机。

在"互联网+"潮流的推动下，每个项目的实体数据是摆在每个企业施工面前的首选课题。也是精细化施工管理的一个关键环节。

未来的劳务形态，劳务将成为一种资源，企业对劳务的管理，将上升到资源管理的高度。企业十分希望有幸与高素质的劳务队伍或者个人长期合作，对于未来劳务资源短缺如何应对？制订劳务资源管理规划，将项目劳务精细化管理和企业资源管理两层分开，在现有劳务管理体系下，开始建立劳务资源管理和数据中心。建立对现有劳务公司，劳务班组的筛选、评价，选定可用的劳务队伍做好备选。对那些缺乏诚信，缺乏基本技能，东拼西凑的队伍要坚决舍弃。

逐步开放劳务平台，吸收和接纳更多的劳务单位、班组进入劳务资源管理系统中，并对现有劳务的组织结构变化、变革，使得劳务班组小型化，班组化，便于形成各种班组特色，可以优中选优，可以组合，可以补充。利用大数据管理、分析、评价个人劳务资源，用数据说话，科学化决策。做好引导评定培训工作，为职业化工人的开始做好铺垫。中国需要制定劳务职业化培养战略，培养大量高素质的建筑职业化工人。

建立一定规模的企业内部高技能合同制工人，形成自己的子弟，有自己可以信赖的劳务队伍，在竞争中有更大的底气，也对企业的激烈竞争下产生良好的效果。协助有关部门加快职业化工人进程，协助企业、行业协会，培训建筑职业化工人，提高他们的素质和专业技能，让他们用最好的状态满足企业的发展，稳定地为企业服务，并且拥有自己的地位和尊严。企业建立劳务评价体系，建立多种形式并存的用工模式，实现以自有高技能工人为骨干，劳务分包队伍为主体，多种用工形式和补充的复合型用工模式，达到灵活用工的目的。

六、数据化企业的建设

（一）数据化运营体系的建设

企业运营的涵盖内容和范围比较广，但核心是外部客户（营销）、内部资源流（人财物）、作业流（生产）、管理流（流程）及运营策略等几个方面。在信息化时代，信息系统的建立使得信息处理、流程运转、管理效率都大大提升。某小型集团公司改造了原有的运营体系，通过数据化搭建了新的信息化架构。该企业引入了"流程数据工具""数据集成工具""业务建模工具"；在公司信息化架构上层，建立了"智能数据仓库"和"商业智能"应用，特别建立了"管理驾驶舱"为战略层服务。企业运营体系进行数据化改造后，数据分析技术才能得到应用，企业级数据中心得以建立和发挥核心作用。数据分析作为一种生产力成为公司运营的一项自觉行为；企业的运营管理者开始应用数据优化产销供应链和项目运作、再造业务流程、降低成本和主动防范各类风险，并以月、周和日为周期开展运营活动管理，及时优化资源配置和业务活动调度指挥。在数据化运营体系建设及产品输出过程中，有更多的案例，以京东为例，其大数据平台由数据调度平台、数据集成开发平台、数据知识管理平台、京东分析师、数据挖掘平台、数据质量监控平台等组成，逐步发展成为完善的大数据平台体系，这一体系为京东在大数据服务领域抢得商机，并保持行业领先。数据管理体系建设方面，阿里巴巴建立了五级运营协同组织，第一层初级数据来源层，阿里云为第二层，第三层机构是数据平台事业部，第四层机构是商业智能部门，最上层是各业务公司成员组成的"数据委员会"，五层管理体系为集团的数据化运营提供了有效的保障。

（二）数据化运营的实践

运营状况监测方面的实践，在线监控平台构建：某企业借助 SAP-HANA 数据库大数据处理能力，实现与 ERP 系统、财务管控系统和规划计划系统的有效集成，借助 IAS 平台构建 KPI 四大主题分析模型，完成经营目标分析、项目过程管理、物资绩效分析、资产管理分析四大业务监测主题的设计实施。纵向穿透、横向比较，提高财务业务经营诊断能力，通过资产经营一体化流程的 KPI 分析模型，在线监控平台实现各分公司之间的指标横向比较以及变动趋势分析，各指标内部按照类别（如项目类别）进行细分比较。由此类推，通过运营状况的监测，实时掌握公司的业务运转状况。

（三）数据化运营的困难与挑战

当海量数据开始聚集时，整体情况变得良莠不齐，鱼龙混杂，充斥着大量失真、标准混乱的数据，这些无序数据必须提炼加工。这只是数据化运营过程中的各种困难和挑战之一，还有以下三方面：

（1）信息化发展不尽如人意。一些企业由于信息化资源投入不足，缺少科学规划导致资源浪费，或者因为遇到困难停滞不前，使得数据化未能有效形成运营生产力，最终使运营进入困境。因此企业的信息化一定要打好基础，建立与业务匹配的科学架构，以及构建统一的数据中心。

（2）数据质量不佳。很多企业陷入了尴尬局面，数据出自多头，口径不统一、不完整、不及时，信息系统接口开发成本高，需要重新规范数据，并开展数据治理，实现面向全业务、全类型数据的统一存储、管理与服务。

（3）企业内部壁垒。有些企业在信息化过程中各谋其政，而不是各司其职，产生割裂、分散的数据，甚至互相矛盾，这使得数据价值大打折扣，甚至会误导决策。因此需要破除壁垒，贯通整合企业内外部数据、上下游数据，打通所有网络。

第三章 企业运营管理与流程管理解读

第一节 企业运营管理的主要内容

一、企业运营中的生产运作管理

（一）企业运营中的生产及计划

1. 生产

生产，就是利用一切社会上可以利用的资源将输入转化为输出的过程。输入可以是原材料、顾客、劳动力以及机器设备等。输出的是有形的产品和无形的服务。输入不同于输出，这就需要转化。典型的转化过程有以下四种：物理及化学过程、位置移动过程、交易过程、生理过程、信息过程。

不同形式的生产在运作方式上存在较大的差异，因此有必要对生产进行分类。按输出的性质，可以将生产分为制造性生产和服务性生产。

第一，制造性生产。制造性生产是通过物理或化学作用将有形输入转化为有形输出的过程。例如汽车制造、钢铁冶炼、石油化工和啤酒生产等都属于制造性生产。

第二，服务性生产。服务性生产又称非制造性生产，其基本特征是不制造有形产品，但有时为实现服务必须提供有形产品。服务行业多从事服务性生产。

2. 生产计划

（1）生产计划系统结构

生产计划是任何一个组织生产活动的依据。现代化企业的生产是社会化大生产，企业内部有细致的分工和严密的组织体系，如果没有统一的计划站在企业全局高度来协调和指挥生产活动，企业就无法正常地开展生产经营活动。根据不同组织层次管理目标，生产计划也分为不同的层次，每一层次都有不同的内容：

1）长期生产计划。长期生产计划是企业的最高层管理部门制订的计划，它涉及产品的发展方向、生产发展战略、技术发展水平、新生产设施的建造等。一般跨度期限为3~5年。

2）中期计划。中期计划是企业中层管理部门制订的计划，确定出现有条件下生产经营活动应该达到的目标，如产量、品种、产值、利润等，具体表现为生产计划、总体能力计划和产品出产进度计划。时间跨度为1~2年。

3）短期计划。短期计划是执行部门编制的计划，确定日常生产经营活动的具体安排，常以物料需求计划、能力需求计划和生产作业计划等来表示。

（2）生产计划指标体系

生产计划的主要任务是回答生产什么、生产多少、何时生产等问题。具体由一系列的指标表示，所以称为生产计划指标体系。生产计划指标体系的主要内容有品种、产量、质量、产值和出产期。

1）品种指标。品种指标是企业在计划期内出产产品的品名、规格、型号和种类，它涉及生产什么的决策，确定品种指标是编制生产计划的首要问题，关系到企业的生存和发展。

2）产量指标。产量指标是企业在计划期内出产的合格品数，它涉及生产多少的决策，关系到企业能获得多少利润。

3）质量指标。质量指标是企业在计划期内产品质量应达到的水平，常采用诸如一等品率、合格品率、废品率等指标表示。

4）产值指标。产值指标是企业在计划期内应完成任务的货币表现。根据具体内容和作用的不同，分为商品的产值、总产值、净产值。

5）出产期。出产期是为保证按期交货确定的产品出产日期。正确地决定出产期是很重要的，出产期太紧，保证不了按期交货，不但会给客户带来损失，企业的信誉也会受到损害；出产期太松，不利于争取客户，还会造成生产能力的浪费。

（二）生产运作管理的内容目标

1. 生产运作管理内容

从生产系统的整个生命周期角度来看，生产运作管理主要包括三个方面内容：生产系统的设计、生产系统的运行和生产系统的维护。

（1）生产系统的设计。生产系统的设计包括产品或服务的选择和设计、生产设施的定点选择、生产设施布置、服务交付系统设计和工作设计。生产系统的设计一般在设施建造阶段进行，但在生产系统的生命周期内，不可避免地要对生产系统进行更新，包括扩建新设备，或者由于产品和服务的变化，需要对生产设施进行调整和重新布置，在这种情况下，都会遇到生产系统设计问题。生产系统的设计对其运行有先天性的影响，设计质量的好坏直接影响生产系统的运行。

（2）生产系统的运行。生产系统的运行主要涉及生产计划与控制。计划主要解决生产什么、生产多少和何时出产的问题，包括预测对本企业产品和服务的需求，确定产品和服务的品种与产量，编制生产计划，做好资源的组织、人员班次安排、统计生产进展情况等。主要解决如何保证按计划完成任务的问题，包括生产进度控制、采购程序控制和库存控制等。生产进度控制的目的是保证各生产单元生产计划的按期完工，产品按期装配和交货。采购程序控制包括对战略性物资、重要性物资和一般性物资的采购审批控制程序等。库存控制包括对原材料库存、在制品库存和成品库存的控制，如何以最低的库存保证供应，是库存控制的主要目标。

（3）生产系统的维护。生产系统的维护主要涉及设备和设施的维护管理，特别是对于资产密集型的企业，如石油化工、电力和航空等行业，设备和设施的运行维护效率直接决定了企业的竞争能力和经济效益。因此，生产系统维护的目标就是优化使用设备和设施的资产，使企业获得最大的投资回报。生产系统维护的目标就是提高资产的维修效率，增加资产的可靠性，降低资产的总体维修成本，尽可能延长资产的使用寿命。

2. 生产运作管理目标

根据生产的概念，生产运作管理是对一切社会组织利用资源将输入转化为输出过程的管理。生产运作管理所追求的目标就是：高效、灵活、准时、清洁地生产合格的产品和提供满意的服务。其目标体现五方面的特征，即低成本、合格质量、满意的服务、准时性和清洁的生产。

二、企业运营中的质量管理

（一）质量及质量管理

1. 质量

（1）质量和产品质量

质量是指产品、过程或服务满足规定需求的特征和特性的总和。质是事物所固有的性质、特征和特点方面的规定性；量则是关于事物的范围和程度的规定性。任何事物都是质和量的统一。质量还可以从狭义和广义两个方面理解：广义的质量，则是除产品的质量外，还包括工作质量；狭义的质量，就是指产品的质量。

产品质量指的是产品适合一定的用途，可以满足用户需要所具备的某些自然属性。产品都具备一定质量方面的属性，而这些属性能够满足人们需要程度，这反映了工业产品质量的优劣。产品的质量属性一般包括四个方面：

第一，使用性。使用性泛指产品适合使用目的所具备的各个物理、化学或技术性能，如机床的功率、钢铁的成分、运行操作方法等。

第二，经济性。经济性指产品在制造、购买过程中支出费用的大小及活劳动的消耗，如制造成本，使用燃料、动力的消耗，维修保养的省工省时或费工程度等。它是从经济角度，即成本费用消耗以及效率方面来反映的质量属性。

第三，可靠性。可靠性指产品在使用过程中完成规定任务的能力，如精度保持时间、寿命的长短、发生故障的频率等，它是在产品使用过程中表现出来的质量特性。

第四，美观性。美观性指各种产品在外形及外观方面满足需要的程度，如光洁度、色泽、几何形态等。

产品质量标准按其颁布单位和使用范围不同，分为国际标准、国家标准、部门标准、企业标准和合同标准。凡符合质量标准的产品就是合格品，而合格品又按其满足标准的程度，分为不同等级；凡不符合质量标准的产品就是不合格品，不合格品分为废品、返修品、代用品等。质量标准会随着社会有关因素的变化而不断提高。

（2）工作质量

工作质量是指企业经营管理工作、组织工作以及思想政治工作等对达到产品质量标准、提高产品质量所具备的保证程度。

工作质量虽然不像产品质量那样直观具体，但它却客观地存在于企业各项工作之中。

所以，工作质量下降了，产品质量必然降低。可见，产品质量与工作质量既有区别，又有联系。产品质量是企业各方面工作的综合反映，而产品质量的好坏取决于工作质量水平的高低，所以，工作质量是产品质量的保证和基础。提高产品质量不能单纯就产品质量抓产品质量，而必须从改进工作质量上入手，在提高工作质量上努力，用高水平的工作质量来保证高水平的产品质量。要真正树立"产品质量是工作质量的综合反映，工作质量是产品质量的保证"的意识。

（3）质量职能

质量职能就是为了使产品达到一定的质量标准而进行的全部活动的总称。为确保产品的质量，使产品达到质量标准，有必要确定各有关部门应发挥的作用和应承担的职责。

产品质量有一个产生、形成和实现的"螺旋式上升过程"，过程中的各项工作或活动的总和被称为质量职能，所有这些工作或活动都是保证产品质量所必不可少的。

质量职能的各项活动并不都是在一个企业的范围内进行的，即使是在企业范围内的活动，也并不都集中在一个部门，而是由企业各个部门进行的，即企业各部门都承担着部门质量职能。质量职能随质量管理有机地结合起来，并互相协调配合，它是多方面职能的一种。

2. 质量管理及其常用统计方法

质量管理是指企业为了保证和提高产品质量或工作质量所进行的调查、计划、组织、协调、控制、检查、处理及信息反馈等项活动的总称。通常所说的质量管理，是指从微观的角度来研究企业在保证和提高产品质量过程所要做的工作，其中主要包括：企业各部门执行质量职能的理论和方法；有关提高产品质量的组织和管理工作；对各种质量职能活动的综合管理；以及在质量管理活动中需要适用的各种统计方法等。从宏观角度研究质量管理，主要指的是：维护消费者的合法权益以及群众质量监督对于促进提高产品质量的意义；国家和各级主管部门通过法规、条例对企业质量管理工作的领导与干预；市场机制对质量的调节、控制作用；标准化管理；国家对出口产品的检查与监督；产品生产的论证制度等。

质量管理的常用统计方法很多，下面以分层法、排列图法、调查表法、控制图法为例进行阐述。

（1）分层法（分类法）。这是整理数据最常用的方法，即将收集来的数据，根据不同的目的及不同的标志进行分类、划分层次的方法。这种数据处理方法使杂乱无章的数据和复杂的因素系统化、条理化，以便分清责任、找出原因、采取相应措施解决质量问题。

（2）排列图法。排列图法也叫帕累托图法，它是用来寻找影响产品质量主要因素的一种方法，是依据"关键的少数和次要的多数"的原则制作的。排列图的应用十分广泛，是数理统计常用的工具之一。在实践中要根据不同的目的灵活运用，常见的应用场合有：分析主要缺陷形式；分析造成不合格品的主要工序原因；分析产生不合格品的关键工序；分析各种不合格品的主次地位；分析经济损失的主次因素；用于对此采取措施前后的效果。

（3）调查表法。调查表就是统计调查表，它是利用统计表来进行数据整理工作和原因分析的一种方法。一般由于调查的目的不同，其格式可以不一样。因为调查表用起来简便而且能够整理数据，便于进一步进行统计分析，所以在工厂中得到广泛的应用。调查表的项目和形式要与产品、工序的要求相适应，针对不同的目的、要求制定不同的调查表。

（4）控制图法。控制图（亦称管理图）法是工序质量控制统计的中心内容，是运用控制图来控制工序质量的图表方法。控制图不仅对判别质量稳定性、评定工艺过程状态以及发现并消除工艺过程的失控现象有着重要作用，而且可以为质量评比提供依据。

（二）全面质量管理

全面质量管理是指企业为了保证和提高产品质量，组织企业全体职工和各部门参加，综合运用现代科学和管理技术成果，对影响产品质量的全过程和各种因素实行控制，用最经济的手段，生产出用户满意的产品的系统管理活动。全面质量管理是一种科学的、现代的质量管理方法，它的核心是强调人的工作质量，保证和提高产品质量，达到和提高企业和社会经济效益的目标。

1. 全面质量管理内容和特点

（1）全面质量管理的主要内容

推行全面质量管理的主要内容包括三个方面：第一，认真贯彻执行"质量第一"的方针，根据用户满意程度制定质量标准；第二，充分调动企业各部门和全体职工关心产品质量的积极性，做到人人参与质量管理活动；第三，切实有效地运用现代科学管理技术，做好产品设计、制造、销售服务和市场研究等方面的工作，加强预防性、预见性，控制影响产品质量的各项因素。全面质量管理的目的是要使企业多、快、好、省地生产满足社会需要和用户满意的产品，以达到企业最佳的经济效益。

（2）全面质量管理的基本特点

全面质量管理是一个具有丰富内涵的理论。一般认为有以下五个基本特点：

1）全面质量管理是一种管理途径，既不是某种狭隘的概念或简单的方法，也不是某种模式或框架。

2）全面质量管理强调一个组织必须以质量为中心来开展活动，不能以其他管理职能来取代质量的中心地位。

3）全面质量管理必须以全员参与为基础。这种全面参与不仅仅是指组织所有部分和所有层次的人员要积极认真地投入各种质量活动，同时要求组织的最高管理者坚持强有力和持续的领导、组织、扶持以及有效的质量培训工作，不断提高组织所有成员的素质。

4）全面质量管理强调让顾客满意和本组织成员及社会受益，而不是其中的某一方受益，而其他方受损。这就要求组织能够在最经济的水平上最大限度地向顾客提供满足其需要的产品和服务。在顾客受益的同时，组织也能获得好的经济效益。

5）全面质量管理强调一个组织的长期成功，而不是短期的效益。这就要求组织有一个长期富有进取精神的质量战略，建立并不断改善质量管理体系，培育并不断更新质量文化，使组织的长期成功建立在自身素质和实力的基础上。

2. 质量保证体系

质量保证体系就是企业以保证提高产品质量为目标，运用系统的概念和方法，把质量管理各阶段、各环节的管理职能组织起来，形成有明确任务、责任、权限，互相协调、互相促进的有机整体。

质量保证体系是系统工程的理论方法在质量管理中的应用，建立质量保证体系是实现企业方针目标的一种手段和方法。

（1）质量保证体系的主要内容包括：①要有一个明确的质量方针、质量目标和目标值，并能将方针展开，目标值层层分解，落实到部门、班组和个人；②建立一个高效严密的组织机构，用以监督、控制、协调各部门的质量管理工作；③要有完整的先进技术标准、操作标准、管理标准和各项工作程序，用工作质量保证产品质量，实现所有管理工作的标准化、程序化；④有标准完整的信息，迅速传递反馈，及时处理有关质量问题；⑤建立广泛的群众质量管理网，普及质量管理小组活动。

企业的各个部门、每个人都按照标准工作，认真履行自己的责任，通过上述工作内容，实现企业的质量目标，完成企业方针，全面质量管理就会逐渐形成一个真正的质量保证体系。

（2）质量保证体系有两大类，即工作质量保证体系和产品制造质量保证体系。

1）工作质量保证体系。工作质量保证体系包括：①产品开发与设计工作质量保证体系；②工艺管理的质量保证体系；③均衡生产的质量保证体系；④产品监督的质量保证体系；⑤设备管理的质量保证体系；⑥销售服务的质量保证体系；⑦厂际协作的质量保证体系；⑧思想政治工作的质量保证体系。

2）产品制造质量保证体系。产品制造质量保证体系包括：①产品制造质量保证体系（制造过程的工作标准化）；②零件加工质量保证体系（操作标准化、工作典型化）。

（3）确定质量保证的主要条件有：①企业经过整顿验收，要具备懂业务、会管理的坚强的领导班子；②各项基础工作完善而扎实，有明确的责任制度、管理制度和考核办法；③有正常的生产秩序和工作秩序；④全面质量管理工作已经开展，并取得了一定的成效，能运用全面管理的基本思想和方法进行工作。

（4）质量保证体系的建立。建立企业的质量保证体系没有一个通用的模式，它必须依据不同条件、不同的行业和企业的特点，并且随着全面质量管理的开展而不断深化和完善，通常要从下列四个方面建立保证体系：

1）建立思想保证体系。使企业全体职工树立"质量第一"的思想。树立全心全意为用户服务的思想，为用户生产，为用户服务。企业全体职工都要积极参加创优质、争名牌的活动，树立牢固的质量观念。

2）建立组织保证体系。组织保证体系是思想保证体系的落实，是实现思想保证体系的组织保证。组织保证体系是由公司、分厂、车间、班组四级管理机构组成。

3）建立生产过程的质量保证体系。从产品设计、制造、工艺到装配的每一生产阶段、每一工序都要建立工序质量标准、操作标准、产品完工验收标准和信息传递标准，保证生产过程质量稳定合格。

4）建立检验保证体系。做好质量检验工作，包括工序检验和成品验收，仍然是全面质量管理不可缺少的重要工作。要实行"防检结合、预防为主"的工作方针，技术部门建立质量标准，质量检验部门执行质量检查工作，质检部门要站在用户立场上，从产品的使用观点出发，做用户的代表，用科学的检测方法开展检验工作。

三、企业运营中的物流管理

物流概念中的"物"，指的是一切有经济意义的物质实体，即商品生产、流通、消费的物质对象。它既包括有形的物也包括无形的物；既包括生产过程中的物质，如原材料、零部件、半成品及成品，又包括流通过程中的商品，还包括消费过程中的废旧物品。

物流概念中的"流"，指的是物质实体的定向移动，既包含其空间位移，又包含其时间延续，并且这里的"流"是一种经济活动。

"物"和"流"合在一起形成了物流概念。物流是指按用户的要求以最小的总费用将物质资料（包括原材料、半成品、产成品、商品）从供给地向需求地转移的过程，这主要包括运输、储存、包装、装卸、配送、流通加工、信息处理等活动。物流活动是一种创造时间价值、场所价值，有时也创造一定加工价值的活动。

（一）企业运营物流活动的分类

（1）企业供应物流。企业为了保证本身的生产，需要不断组织原材料、零部件、各种辅料供应的物流活动。企业供应物流不仅是一个保证供应的问题，还是在以最低成本、最低消耗，以最大的保证来组织供应物流活动的限定条件下进行的，因此，就带来了很大的实施难度。现代物流学是基于非短缺经济这一宏观环境来研究物流活动的。在这种市场环境下，供应数量上的保证是容易做好的，而如何降低物流成本，是企业物流的一个大难题。为此，企业供应物流必须研究有效的供应网络问题、供应方式问题及库存问题等。

（2）企业生产物流。企业生产物流是指企业在生产工艺中的物流活动。企业生产物流的过程大体为：原料、零部件、辅料等从企业仓库或企业的"入口"开始，进入生产线的开始端，进一步随生产加工过程逐一环节地"流"，在"流"的过程中，本身被加工，同时产生一些废物，直到生产加工终结，再"流"至仓库，便完成了企业生产物流过程。实际上，一个生产周期，物流活动所用时间远远多于实际加工的时间。

（3）企业销售物流。企业销售物流是指企业为了保证本身的经济效益，将产品所有权给用户的物流活动，在买主市场的大环境下，销售经常需要将商品送达用户并经过售后服务才算终止。企业销售物流的空间范围很大，这便是销售物流的难度所在。在这种前提下，企业销售物流的特点，是通过包装、配货、送货等一系列物流实现销售。为此，企业销售物流需要研究顾客订货处理、配送方式、包装水平、运输路线等，并采取诸如少批量、多批次、定时、定量配送等特殊的物流方式达到目的。

（二）企业运营物流的主要工作

（1）网络设计。所谓网络设计，是指对企业物流设施的地理位置及规模的设计，包括制造工厂、仓库、码头、零售商品以及它们之间的作业条件，确定每一设施怎样进行存货作业，需要储备多少存货等。

（2）信息处理。物流作业信息处理技术就是平衡物流系统的各个组成部分，使总体效果最佳。预测和订货管理是依赖于信息处理的两大物流工作。物流预测是要估计未来的需求，指导企业的存货策略，满足预期的顾客需求。订货管理部门的工作涉及处理具体的顾客需求。顾客可以分为外部顾客和内部顾客。订货管理的过程涉及从最初的接受订货到交付、开票以及托收等有关管理顾客的方方面面。所有以上的活动，在当今经济全球化的趋势下，没有物流信息处理技术的支持是不可想象的。信息技术是联结各项物流作业的纽带，通过信息，各种物流作业被视作物流信息系统的一个组成部分。

（3）运输和库存。在既定的物流网络结构和信息处理能力的条件下，运输是指在不同的地域范围间，以改变物料的空间位置为目的的活动，对物料进行空间位移。成本、速度和一致性这三个因素对运输是很重要的。库存管理的基本目的，是要在满足对顾客所承担的义务的同时实现最低的物流成本。库存必须考虑两个重要因素，即顾客细分和产品分类。

（4）装卸和包装。装卸和包装是网络设计、信息处理、运输和库存这些作业方案的组成部分，把装卸和包装等作业融入企业的各种物流作业中，可以使企业的整个物流系统更高效地运行。

第二节　企业运营管理的策略及其创新

一、企业运营环境与市场分析

（一）企业运营环境

1. 企业运营内部环境因素

（1）企业运营内部环境因素分析的含义。检查企业内部因素（采购及物流，研究及开发，生产及运作管理，企业资源和人力，产品及质量，等等）；找出企业优势和弱点；强化优势，开拓机遇；应付竞争威胁，修正使企业置于不利竞争位置的错误或劣势；进行正确的市场定位。内部分析是一个自我检查程序，对各内部组织进行分析，认定自我的"优势"和"弱点"，利用自我的"优势"开拓机会、应付市场上的冲击，并对内部的"弱点"进行改革，从而建立企业在市场上的竞争优势。包括销售及分销、研究及开发、生产及运作、企业资源及人事管理、财务及会计分析等。

（2）企业运营内部因素分析的主要内容，具体见表3-1①。

表 3-1 企业运营内部因素分析的主要内容

销售及分销	研究及开发	生产及运作成本	企业资源及人事管理	财务与会计
1. 市场占有率 2. 市场调研系统 3. 产品质量、寿命周期 4. 新产品开发 5. 专利保护 6. 顾客对企业及其产品的印象、口碑 7. 产品包装方法 8. 对产品及维修服务的定价策略 9. 销售方法及能力 10. 广告宣传 11. 售后服务 12. 分销网络	1. 企业自我的基本研究能力 2. 开发产品生产的能力 3. 产品设计研究及开发 4. 生产程序设计及改良 5. 包装技巧 6. 新原料的应用 7. 生产能力符合设计的目的及顾客的需求 8. 试验室的设备 9. 技术人员的培训 10. 工作环境的配合 11. 中层管理人员能力（下达生产目标并能上传研究结果） 12. 预测技术发展的能力	1. 降低运作成本 2. 应付市场需求的能力 3. 工作环境及设备 4. 原料及配件的成本 5. 原料及配件的供应 6. 生产的机械设备 7. 办公室的效率；办公室及设备的安放 8. 库存管理系统 9. 生产程序：设计与生产计划 10. 机械设备的保养及维修 11. 与供应商的关系 12. 灵活的运作方法	1. 企业的形象及声望 2. 企业组织的构架、环境及文化 3. 企业规模 4. 管理方法 5. 企业对完成指标的情况 6. 人力资源系统 7. 员工的素质 8. 各功能部门的沟通等	1. 财务的能力及支持——资产的流动性、利润情况、流动资金等 2. 降低资本——降低库存、改善开放红利政策 3. 资金的运用 4. 和企业股东的关系 5. 税务及保险政策的运用 6. 财政计划 7. 会计系统——成本预算、盈利计划及审计程序等

---

① 孙永波：《企业运营策略创新研究》，知识产权出版社 2007 年版。

2. 企业运营外部环境因素

（1）企业运营外部环境因素分析的含义。对企业外部环境因素（如社会经济、技术及政府因素）的分析，确定企业创造机遇或构成威胁的因素，有助于决策者做出调整企业运营策略。一个能符合外部总体环境需求的运营策略将更行之有效。通过分析企业外部对企业生存与发展有重大影响的总体外部环境因素，随时改变及调整企业策略，以帮助企业获取机遇或渡过难关。外部环境分析包括政治环境、经济环境、法律环境、文化环境、科学技术环境、竞争环境和其他环境。

（2）外部环境分析的主要内容。企业运营外部环境分析的主要内容见表3-2。

表3-2　企业运营外部环境分析的主要内容

经济环境	法律环境	文化环境	科学技术环境	竞争环境	其他环境
1. 国内生产总值/国民生产总值的变化 2. 通货膨胀率以及银行利率的变化 3. 失业率的变化 4. 人均收入与人均储蓄的变化 5. 外汇储备与外债	1. 税务 2. 技术引进与知识产权的保护 3. 其他	1. 生活水平的改变 2. 分期付款方式的推广 3. 超级市场的发展	1. 精加工业的技术发展 2. 制造业的发展 3. 电子科技的引进 4. 电子商务时代的到来	1. 垄断与保护政策 2. 供应商的变化 3. 替代品的出现 4. 新竞争者的出现 5. 用户的变化 6. 进口产品的增加 7. 三资企业的增加	1. 交通运输与企业产品销售 2. 基础建设状况 3. 突发事件

3. 企业运营行业环境因素

（1）企业行业环境指企业所处的行业及相关的上、下游行业，对所在行业的特性、产品发展方向及市场走向进行广泛的研究，探索所选择的行业对手过去成功的或失败的案例并得出结论，确定最有影响力的行业因素，获得竞争对手的财政或经营数据，获得最新策略动态的信息。

（2）企业运营行业环境的内容。企业运营行业环境的主要内容见表3-3。

表3-3　企业运营行业环境的主要内容

产业现有企业间的竞争	供应者的讨价能力	买方的讨价能力	替代品带来的压力
1. 竞争及其激烈程度 2. 众多的或势均力敌的对手 3. 产品增长缓慢 4. 高固定成本或高库存成本 5. 竞争对手的多样化 6. 撤退障碍大	1. 供应者集中化程度高 2. 供应者不必与替代者竞争 3. 一个产业并非供应者的主要客户 4. 供应者产品已经差别化或变迁成本已形成	1. 买方大批量集中购买 2. 购买的是标准无差异的产品 3. 买方盈利低 4. 买方掌握充分信息 5. 买方面临转换成本少 6. 买方从行业中购买的产品占其成本或购买额的相当大的部分	1. 替代品的识别就是寻找那些能够实现产业产品同种功能的其他产品 2. 在相同环境下，替代品的价格是产业中产品的上限 3. 应引起极大重视的替代品 4. 由盈利很高的产业生产的产品

（二）企业市场竞争分析

（1）市场竞争分析的目的。分析市场竞争的目的是为了了解每个竞争对手所可能采取的策略行动及其实质和成功的希望，了解各竞争对手对可能发生的产业变迁和环境变化可能的反应，了解各竞争对手对其他企业在策略动机范围内的行动可能的反应。

（2）市场竞争分析的范围。市场竞争分析的范围是所有明显存在的竞争对手、将会出现的潜在竞争对手。

（3）市场竞争分析的主要内容见表3-4。

表3-4　市场竞争分析的主要内容

长期目标的分析	假设的建立	现行策略的分析	能力的分析	预测竞争对手的防御能力
对目标的了解可预测竞争对手对其目前处境是否满意，它将如何改变策略，它对于外部事件或对于其他企业的策略举动的反应能力，同时有助于解释竞争对手所采取行动的重要性	竞争对手的假设包括：对自己的假设和对行业及行业中其他企业的假设	竞争对手的现行策略是其各部门的关键性经营方针的总和及各职能部门的相互联系	竞争对手的优点与弱点将决定它发起进攻或反击策略的行动能力	竞争对手在哪些方面有软弱的表现

二、企业运营采购策略创新

（一）企业运营采购策略分析

1. 采购及相关概念

采购是指企业在一定的条件下向供应商购买产品或服务的全过程。采购一般是从多个对象中选择购买自己所需的物品的意思。一般包括以下三种基本的含义：第一，所有采购都是从资源市场获取资源的过程。也就是说，采购的基本功能就是帮助企业从资源市场获取他们所需要的各种资源。第二，采购既是一个商流过程，也是一个物流过程。采购的基本作用就是将资源从资源市场的供应者手中转移到用户手中的过程。在这个过程中，一是要实现将资源的所有权从供应者手中转移到用户手中——商流过程；二是要实现将资源的物质实体从供应者手中转移到用户手中——物流过程。第三，采购是一种经济活动。采购是企业经济活动的重要组成部分。一方面，通过采购获取资源，保证企业正常生产的顺利进行，这是采购的效益；另一方面，在采购过程中也会发生各种费用，这就是采购成本。

采购相关的其他概念：①买或购买，指普通意义上用货币换取商品的交易过程，而采购更为专业化；②订购，是指采购下订单的过程；③前期采购，指采购过程中下订单之前的相关工作；④后期采购，指采购过程中自下订单开始以后的相关工作；⑤战略采购，是指宏观范围内确立采购资源、建立最优的供应商体系及战略伙伴关系的过程。

2. 采购物品分类

（1）物料清单（BOM），指直接进入产品的生产用原材料、零部件及半成品等。

（2）非生产性物料（NON-BOM），又称 NPR，是指企业中不直接进入产品本身的所有其他实物（或硬件）和服务（或软件）。包括设备、生产辅助性材料、工具及备件，一般用品如文具、家具以及服务等。服务包括由第三方所提供的技术、行政、后勤等方面的软件产品如咨询、培训、审核、租赁、委托代理。

（3）转卖品，是指不在本企业生产制造、从供应商处采购的打有本企业商标的成品。最具代表性的是定点生产（OEM）产品，公司先向选定的供应商提供技术或品牌，由供应商按要求组织生产，再从供应商购回所有的产品以自己的品牌和名义提供给市场。

3. 采购的主要作用

（1）采购是成本管理的核心资源

工业企业外购的材料及零部件每年都有 5%~20% 的潜在降价空间。而材料价格每降低 1%，在其他条件不变的前提下，企业的净资产回报率可增加 15%。

（2）采购是供应链管理过程中的主导力量

1）在商品生产和交换的整体供应链中，每个企业既是顾客、又是供应商。为满足最终顾客的需求，企业都力求以最低的成本将高质量的产品以最快的速度供应到市场，以获取最大利润。工厂的利润是同制造及供应过程中的物流和信息流的流动速度成正比例的。从整体供应链的角度来看，企业为了获取尽可能多的利润，都会想方设法加快物料和信息的流动，这样就必须依靠采购的力量、充分发挥供应商的作用，因为占成本 60% 以上的物料以及相关的信息都发生或来自供应商。

2）供应商提高其供应可靠性及灵活性、缩短交货周期、增加送货频率可以极大地改进工业企业的企划表现，如缩短生产总周期、提高生产效率、减少库存、加快资金周转、增强对市场需求的应变力等。

（3）采购是企业产品质量的基本保证

1）产品中价值 60% 是经过采购由供应商提供，毫无疑问产品"生命"的 60% 应在来货质量控制中得到确保，也就是说企业产品质量不仅要在企业内部控制好，更多的应控制在供应商的质量管理过程中，这也是"上游质量控制"的体现。

2）供应商上游质量控制得好，不仅可以为下游质量控制打好基础，同时可以降低质量成本，减少企业来货检验费（降低检验频次甚至免检）等。

（4）采购是促进产品开发的重要因素

产品开发"同步工程"是通过采购将供应商纳入早期开发的过程。尽早让供应商参与企业自身的产品开发不仅可以利用供应商的专业技术优势缩短产品开发时间、降低开发费用及制造成本，还可更好地满足产品功能性的需要，提高产品的竞争力。

越来越多的企业不仅仅将供应商的利用局限于原材料和零部件领域，还扩大到总装甚至于成品，甚至有些企业根本就停止自己的生产、完全依靠供应商进行 OEM 或外发供应。

4. 采购任务、管理职责及其职能

（1）采购的基本任务和管理职责

采购的基本任务包括：①保证本单位所需物料与服务的正常供应；②不断改进采购过程及供应商管理过程以提高原材料质量；③控制、减少所有与采购相关的成本，包括直接采购成本和间接采购成本。建立可靠、最优的供应配套体系。利用供应商的专业优势，积极参与产品或过程开发。建立维护本企业、本公司的良好形象。管理、控制好与采购相关的文件及信息，如程序性文件、作业指导书、供应商调研报告、供应商考核及认可报告、图纸及样品、合同、发票等。

采购管理职责，即制定并实施采购方针、策略、目标及改进计划，并进行采购及供应商绩效衡量，建立供应商审核及认可、考核与评估体系，开展采购系统自我审核及评估，同其他单位的采购进行行业水平比较提高整体采购水平，建立培养稳定有创造性的专业采购队伍，与其他单位（往往是本企业集团的其他兄弟部门）共享采购资源、开展"杠杆采购"等。

（2）采购职能的层次划分

根据采购的方针目标、采购工作范围及采购过程层次，可将采购、采购任务、责权归纳为战略、战术及运作三个层次，不同层次的责权意味着相关人员或部门在公司或企业中拥有不同程度的地位，也是采购部门内部组织机构设置的依据。

1）战略层次。战略层次指那些影响到企业长远发展及市场定位的有关采购决策，一般跨度 3~5 年，决策最终在于最高层，对应着采购经理及战略采购的职责。具体包括制定、发布采购方针政策、管理运作程序及工作描述；对采购运作及表现进行审核以衡量采购绩效并促使采购不断改进；主要投资决策如厂房、设备、信息技术等；主要零部件自制或外购决策；供应市场定位、供应体系定位及供应商关系定位；供应商合作决策，如是否向供应商投资、是否与供应商共同开发等；集团公司内部供应商的内部价位决策等。

2）战术层次。战术层次是在战略采购的指导下，采购中涉及产品、工艺、质量及具体供应商选择等相关的决策，它对公司中期运作和发展产生影响（影响跨度 1~3 年），要求内部相关的职能部门如工程、开发、制造、企划、品质与采购之间密切合作。具体包括供应商审核、选择及认可；订立合作协议、采购合同或年度改进目标协议等；制订供应商改进计划或采购改进项目；制定实施供应商考评、考核、奖励措施；实施供应体系优化等。

3）运作层次。运作层次又称执行层，对应着采购过程中的后期采购，主要是执行开单下单、跟进交货、付款及相关的事宜。具体包括按采购供应合同与生产计划、物料需求计划的需要开具订单、签单、落单；跟进供应商的交货及周转包装材料的使用；衔接收验货过程、按有关规定及决策处理安排不合格材料的退货等；跟进供应商表现、向供应商知会有关考评结果促其改进等；跟进发票及付款等事宜。

5. 企业运营采购策略的要素

采购策略是指从宏观范围内确定采购资源、建立最优的供应商体系及策略伙伴关系。此外，还指在最新的技术平台上搭建最优的采购体系，建立最适合自己的采购方式、采购渠道，从而使企业走向市场、创建市场。与传统采购相比，现代企业的采购形式有所改变，即一部分转向电商采购。

企业成功制定和实施采购策略的四个关键要素：

（1）产品要素

"产品"要素是指企业要决定对哪些物品进行策略采购管理。产品是广义上的，既包括物料，也包括服务；既包括单项物料或服务，又包括物料和服务的组合。在产品要素中须注意两个方面：

第一，要明确需要采购哪些产品。对于技术含量低、市场成熟的产品可选择外购；对于涉及核心技术的产品，应尽量选择自制。

第二，要决定对采购的哪些产品实施策略管理。企业可按照供应市场的风险程度和物品的成本价值比重对所采购的产品进行分类，对于高风险、高成本的物品和服务进行策略管理，因为这些产品既需要花费巨额成本，又具有很高的风险性，若管理不当就会给企业带来重大损失。

（2）成本要素

"成本"要素是指企业在采购产品时应以成本作为评判指标。传统的采购以价格作为主要的业绩评判指标，但在采购策略中，更应该关注采购成本。采购成本可分为两类：直接成本和间接成本。直接成本是指在采购产品时的直接支出，如支付采购产品的价格、储存费用等；间接成本是指在采购过程中的间接支出，如支出的管理费用、业务费用、花费的时间等。对于直接成本，可通过引入竞争、采用经济订货批量等方式来降低；对于间接成本，可通过优化采购流程、实施电子采购、减少人力消耗等方式来控制。

（3）关系要素

"关系"要素是指企业要决定同供应商建立何种关系以及怎样建立这种关系。对于实施采购策略的物品，企业应该同供应商建立深层次的策略伙伴关系。为此，可通过两个阶段来发展策略伙伴关系：初期合作关系和稳定的策略伙伴关系。在初期合作阶段，双方建立信息平台和沟通机制，采购方将采购数量及交货时间等报表提交给供应商，共同分析这些数据，培养合作的默契感和信任程度。时机成熟后，再过渡到较高层次的稳定的策略伙伴关系：采购方将自身的活动与供应商集成起来，将供应商作为自己的制造部门来控制，或者建立联合小组共同参与产品开发设计，双方相互促进，共享利益和分担风险，达到双赢的目的。

（4）适用要素

"适用"要素是指采购的物料、商品或服务能够达到企业所需要的既定功能和用途。如果所采购的产品得不到有效利用，那么产品、成本、关系要素有再好的组合都是毫无意义的。选择"适用"而不是质量作为采购的策略要素，是因为只有满足企业需要的物品和服务才是最好的，而并非质量越高越好。采购的产品若不能达到企业所需的质量要求，当然会影响到企业的正常运行，甚至会影响到整条供应链的表现；但如果采购产品的质量远远超过实际需要，又会造成浪费，导致企业经济效率的低下。企业的采购策略就是在特定的供应商-客户环境中，将这些要素怎样最好地整合起来。

（二）企业运营采购程序与供应商管理

1. 企业运营采购程序

采购体系管理是指由文件制度及相应的管理架构组成，包括采购方针、策略、计划与目标以及同采购工作管理、采购运作相关的规章制度与工作程序等。包括自制或采购决策工作程序；供应市场调研分析工作程序；供应商选择与审核工作程序；供应商认可工作程序；供应商考评工作程序；供应商分类管理工作程序；供应商来料验收工作程序；供应商样品、图纸等发放及验收工作程序；供应商参与产品开发工作程序；采购合同与协议；采购文件及信息控制；采购人员权限规定；采购人员行为道德规范；采购工作绩效衡量及报告等。采购程序与供应商管理过程如图 3-1 所示①。

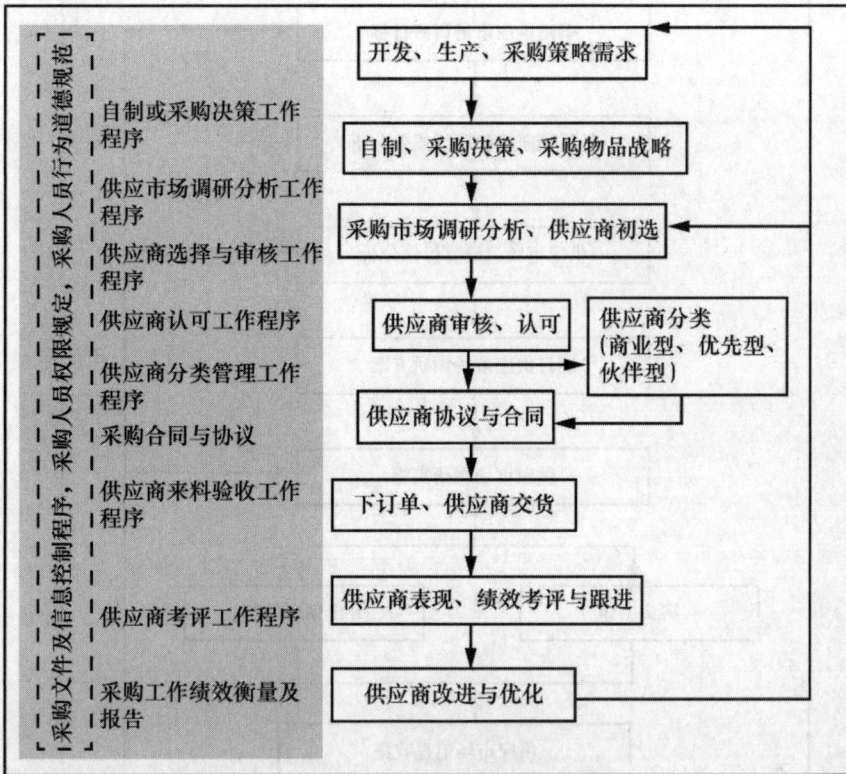

图 3-1 采购程序与供应商管理过程

2. 企业供应市场研究

（1）供应市场研究过程。

供应市场研究过程，如图 3-2 所示。

---

① 孙永波：《企业运营策略创新研究》，知识产权出版社 2007 年版。

```
┌─────────────────────────────────────────────────────────────┐
│              ┌──────────────────────────┐                    │
│         ┌───▶│   确定供应市场调研目标    │◀────────────┐     │
│         │    └──────────────────────────┘             │     │
│         │                 │                           │     │
│         │                 ▼                           │     │
│         │    ┌──────────────────────────┐             │     │
│         │    │  针对调研目标进行成效分析  │             │     │
│         │    └──────────────────────────┘             │     │
│         │                 │                           │     │
│         │                 ▼                           │     │
│         │    ┌──────────────────────────┐             │     │
│         │    │    供应市场调研可行性分析  │◀────────────┤     │
│         │    └──────────────────────────┘             │     │
│         │                 │                           │     │
│         │                 ▼                           │     │
│         │    ┌──────────────────────────┐             │     │
│         │    │    制订供应市场调研方案    │             │     │
│         │    └──────────────────────────┘             │     │
│         │                 │                           │     │
│         │                 ▼                           │     │
│         │    ┌──────────────────────────┐             │     │
│         │    │      供应市场调研实施      │◀────────────┤     │
│         │    └──────────────────────────┘             │     │
│         │          │              │                   │     │
│         │          ▼              ▼                   │     │
│         │    ┌─────────┐    ┌─────────────┐           │     │
│         │    │ 案头工作 │    │  外出调研工作 │           │     │
│         │    └─────────┘    └─────────────┘           │     │
│         │          │              │                   │     │
│         │          ▼              ▼                   │     │
│         │    ┌──────────────────────────┐             │     │
│         │    │      供应市场信息收集      │             │     │
│         │    └──────────────────────────┘             │     │
│         │                 │                           │     │
│         │                 ▼                           │     │
│         │    ┌──────────────────────────┐             │     │
│         │    │      信息、数据分析        │             │     │
│         │    └──────────────────────────┘             │     │
│         │                 │                           │     │
│         │                 ▼                           │     │
│         │    ┌──────────────────────────┐             │     │
│         └────│   供应市场调研报告及评估   │─────────────┘     │
│              └──────────────────────────┘                    │
└─────────────────────────────────────────────────────────────┘
```

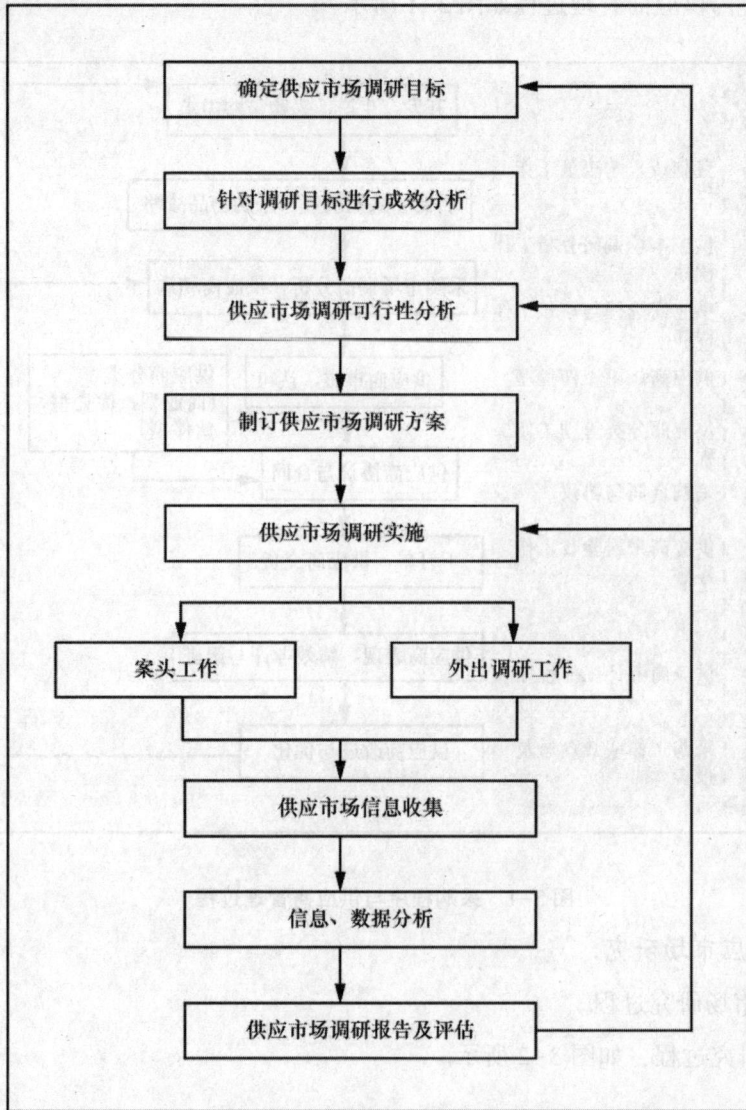

图 3-2　供应市场研究过程

（2）供应市场风险分析阶段。

供应市场风险分析主要分为四个阶段，具体如图 3-3 所示。

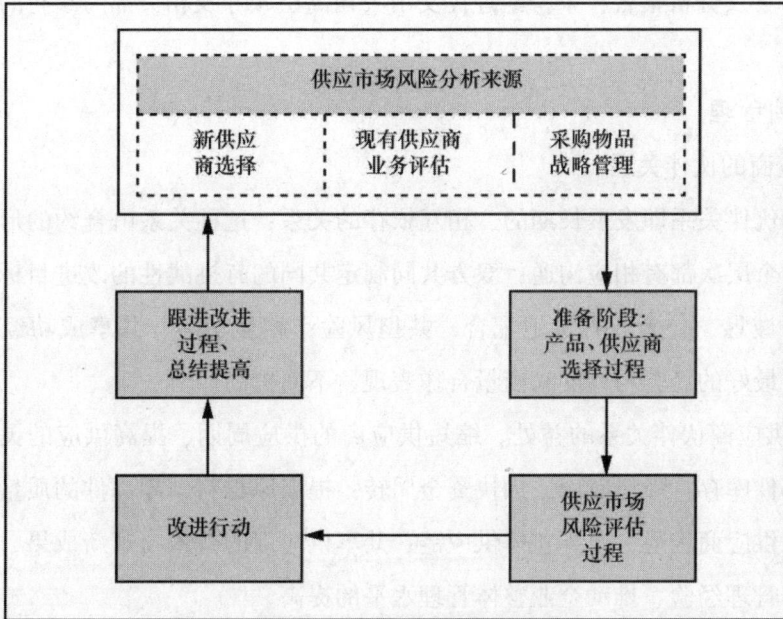

図 3-3　供应市场分析四个阶段

3. 企业自制或外购决策

自制或采购决策是企业的重要决策，是生产战略及核心业务发展的重要组成部分，受公司的经营战略、产品技术水平、工艺水平、质量水平、生产能力、开发与生产成本、投资能力、供应商相关能力与供应商关系等诸多因素影响。

（1）自制或外购决策的主要因素

自制或外购决策的主要因素包括以下六个方面：①公司战略，包括核心业务、经营生产战略，产品、技术与工艺发展战略；②产品开发能力及工艺水平，包括通用件、标准件的比例，核心性能的零部件；③安全性要求、技术与工艺条件；④质量：质量体系、质量水平、检测与控制手段、过程控制能力、质量改进能力；⑤供应和企划，包括供应的可靠性与灵活性、供应周期及缩短、库存量控制、运输及距离、进出口手续、计划安排水平及方式、MRP 的运用、EDI（Electronic data interchange，电子数据交换）的使用；⑥成本，包括自制与外购的成本、零部件价格、投资以及及其效益。

（2）自制或采购决策的基本程序

自制或采购决策的基本程序包括：①设计部门提出有关的产品零部件清单及图纸、技术要求；②采购部门根据技术文件会同工程设计、质量管理、生产企划、成本等部门对有关零部件进行自制或采购初步分析。③组织供应市场调研，结合本公司的经营战略、产品开发能力及工艺水平、成本与效益分别对自制与采购的优点、缺点进行比较，提出"自制或外购件清单"及分析报告；采购经理提交由公司高层领导及相关部门参与的会议进行讨论决策。

4. 供应商管理

（1）供应商的伙伴关系

供应商的伙伴关系即发展长期的、相互依存的关系；这种关系由合约的形式双方共同确认并且在各个层次都有相应沟通；双方共同制定共同的有挑战性的改进目标及计划；双方互相信任，诚恳、公开、有机地配合，共担风险；相互学习、共享成功经验，共同开发、创造；以最好的经验与尺度来衡量合作表现、不断提高。

1）建立供应商伙伴关系的益处。缩短供应商的供应周期、提高供应的灵活性；减少原材料、零部件库存，降低费用、加快资金周转；提高原材料、零部件的质量，降低非质量成本；强化供应商沟通，改善整体供应链；共享供应商的技术与革新成果，加快产品开发速度；共享管理经验、推动企业整体管理水平的提高。

2）如何建立供应商伙伴关系。供应市场调研；采购物品分析分类；供应商分类，确定伙伴型供应商；明确伙伴供应商的考核指标、制订行动计划；计划实施和进度跟进，包括对质量、交货、降低成本、新产品、新技术开发等方面的改进进行跟踪考核、定期检查进度、及时调整行动。

（2）供应商审核

供应商审核是供应商管理中的必要环节，是了解供应商优缺点、控制供应过程、促进供应商改善的有效手段，也是降低经营风险、保障持续供应的重要依据。

1）供应商审核的层次。

2）供应商审核的方法。供应商审核的方法包括：①主观法，是指根据个人的印象和经验对供应商进行评判，评判的依据十分笼统；②客观法，是依据事先制定的标准或准则对供应商情况进行量化考核、审定，包括调查表法、现场打分评比、供应商表现考评、供应商综合审核以及总体成本法等。

3）供应商认可评审。适用于潜在的供应商；采购员向供应商了解基本情况并要求供应商填写调查问卷、根据问卷及供应商提供的相关文件做出初步的评价并提出相应意见；按供应商及所采购产品的重要性确定是否需要组织现场审核。现场审核内容应覆盖调查问卷中的主要内容，并视情况由负有质量、工程、企划及采购等功能的，有企业体系审核及专业经验的人员组成小组，由采购部牵头进行。

（3）供应商绩效考评

1）供应商绩效考评准备。制定供应商考评办法或工作程序；对供应商的表现如质量、交货、服务等进行监测记录，为考评提供量化依据；选定被考评的供应商，将考评做法、标准及要求同相应的供应商进行充分沟通，并在本公司内对参与考评的部门或人员做好沟通协调；考评由采购人员牵头组织，品质、企划等人员共同参与。

2）供应商绩效考评指标。包括以下四点内容：

第一，供应商绩效考评质量指标。供应商质量指标是供应商考评的最基本指标，包括来料批次合格率、来料抽检缺陷率、来料在线报废率、供应商来料免检率等。

第二，供应商绩效考评供应指标。供应指标又称企划指标，是同供应商的交货表现及其企划管理水平相关的因素，主要是准时交货率、交货周期、订单变化接受率等。

第三，供应商绩效考评经济指标。经济指标与采购价格和成本相联系，与质量及供应指标通常每月一次考核不同的是，经济指标相对稳定，多数企业是每季考核一次。此外经济指标往往都是定性考核，不易量化。

第四，供应商绩效考评支持与配合指标。支持、配合与服务方面的表现考核也是定性的，每季一次，相关的指标有反应与沟通、合作态度、参与本公司的改进与开发项目、售后服务等。

（三）企业采购模式创新与优化

1. 企业采购模式创新

在现代企业管理模式下，采购管理的思想、方式和技术要求发生了相应变化。当前，企业积极探索新的采购方式，其中，比较有影响、值得关注的采购模式有以下五种：

（1）统合采购模式。在传统购销管理模式下，采购、库存、配送、销售等相互分离，各自独立，缺乏有效的配合，难以形成总体最佳的效果。现代企业认识到上述问题，采用了统合采购的模式，即跨越单一的采购活动，将采购与计划、财务、库存、销售等活动紧密连接起来，在统一考虑品质、价格、成本、时间、地点等因素的基础上解决采购问题，采购管理的范围和领域大大扩展。

（2）国际采购模式。在经济全球化推动下，企业国际化经营发展迅猛，采购的国际化方兴未艾。

（3）信息采购模式。在信息技术的推动下，采购管理的电子化、信息化和网络化趋势十分显著。传统的人力作业的采购方式不能满足现代企业运营的需要，它不仅效率低、用工多、成本高、差错多，而且不能解决多品牌、小批量、地区分散、集中调配和适时、适量采购的要求。利用通信网络手段的信息采购有效地解决了上述问题，并成为现代采购管理发展的重要趋势。

（4）定制采购模式。现代企业极大地提高自身的市场独立性，减少对厂家供货的依赖，改变了传统的厂家制造什么零售商就采购什么的做法。一些有实力的零售商建立起以销售为导向的定制采购模式，即根据顾客的需求向厂家提出采购清单，发展大规模商业定制（贴牌生产）。定制采购的商品以商业品牌商品（PB 商品）为主，所谓 PB 商品是与 NP 商品（使用生产企业商标、面向全国市场销售的商品）相对应的概念，是由商业企业自主开发的品牌，这些商品从企划、设计等环节就有零售商参与，以零售商的品牌销售。定制采购的商品以日用品、低档品和大众品为主，以价廉赢得市场。

（5）共同采购模式。共同采购是近年来发展起来的新型采购模式，是指几家零售商联合向批发商或厂家采购相同的商品。共同采购比单一采购有很多优点，比如由于增加了采购量，增强了讨价还价的能力，降低了采购成本，提高了商品竞争能力；由于实行有计划的发货和配送，设施等得到综合利用，既减少了库存也降低了物流成本；由于采购量大，厂家愿意为零售商独立开发产品等。

2. 企业采购模式优化

（1）正确处理采购与销售的关系

在传统管理方式下，企业通过部门分工实现各部的合理性和效率性，因此，传统的采购部门与其他部门保持着分明的界限，相互独立。但是，从企业完整的经营活动看，各部门都是业务流程的重要组成部分，缺一不可，采购部门与其他部门的分离导致业务流程的断裂，容易发生部门之间的冲突，这是传统采购管理模式不合理的基本表现。部门之间的矛盾在采购与销售之间表现得最突出，采购与销售相互分离，导致采购部门不考虑销售问题，单纯注意采购成本，因此比较愿意搞大批量采购，而销售部门只关心销售业绩，对供应商的能力、采购成本缺乏关心。在这种情况下，采购和销售很难协调起来。管理者将大量的精力放在购销平衡上，即使如此，也经常发生购销矛盾。

正确处理采购与销售之间的关系需要借助于策略采购的思想。采购策略就是以企业策略为基础将采购活动与销售活动整合起来，从策略互动的角度实现采购与销售的统合。采购策略要求采购部门全程参与企业策略的分析、立案、计划和实施过程，企业策略兼顾采购管理的要求，销售部门也置身在企业策略之下，以全局的策略统辖采购和销售活动。采购策略使采购目标与销售目标一致化，消除了矛盾的根源，形成了广泛沟通的渠道，可以有效地解决不合理采购等问题。

（2）采购部门要成为信息沟通的媒介

在采购策略模式下，采购活动以企业经营策略为基础，要履行信息收集的功能，利用采购活动接触面广的特点，及时收集供应商信息，准确掌握商品供应信息和销售趋势。采购部门掌握的大量信息将为企业选择供应商和构建供应体系提供基础，成为企业策略制定的有益帮手，也是企业了解供应商的窗口。此外，采购部门也要成为向外界传达企业策略信息的窗口，利用采购部门与外界联系比较紧密的特点，做好企业之间的协调，为企业策略实施创造良好的外部条件。当前，"信息采购"的出现和发展说明采购部门扮演信息沟通媒介的作用受到充分的重视，通过建立广泛的采购市场信息、交易商信息和价格信息等多种信息系统，采购部门的沟通作用得到了有效实现。信息媒介作用的强化使采购活动与企业策略的融合性大大增强，提升了采购活动对企业策略活动的介入性。具体而言，提高了新产品研制的速度、延长了产品生命周期、提出了合理化建议等。

（3）建立柔性化采购组织

根据部门化原则，企业建立许多业务部门，每个部门都拥有采购职能。在现代条件下，企业的采购职能应该统合起来，即以事业部为基础，将各事业部共同的采购机能统合起来，成立履行共同采购职能的采购事业部。按照这种原理构建的采购事业部的优点是能够迅速地应对市场的变化，具有良好的柔性和效率性。

采购事业部的主要职责是弥补事业部之间缺乏沟通的不足，实现跨部门的信息收集和沟通。在采购部门统合化的基础上，销售等其他部门也应该统合化，成立相应的销售小组、工程小组等。这些统合小组以共同的目标为导向，在共同决策的基础上同时开展活动，企业将必要的权力下放给各小组。新的采购组织或销售组织突破了传统的职能制组织形态，实现了信息、技术的集约化，对提高企业的快速反应能力有积极的作用。同样，对采购组织而言，也大大提高了对环境的适应力，增强了采购活动的柔性。

（4）重新构筑与供应商的关系

从采购管理模式的发展趋势看，现代采购活动重视培育企业之间的关系，选择零售商与供应商之间的关系模式是采购管理要优先解决的问题。企业之间的关系大致分为三种基本类型：

1）交易关系。企业之间在交易上存在密切关系，在长期的市场交易中逐步形成了稳定的关系，这种关系的建立和持续主要依靠较低的交易费用，两者均关心自身的利益，具有相互对立的情绪。

2）伙伴关系。随着交易关系的持续发展，双方之间的信赖感增强，逐渐形成了伙伴关系。在伙伴关系下，双方重视协调、信赖，注意维持利益的平衡，因此有助于提高产品的质量、技术创新和降低流通费用。

3）同盟关系。企业间关系的高级形式是同盟关系，它是指采购方与供应方，基于战略的眼光发展持续的、合作的企业关系，它们以共同的使命为中心在业务上相互支持，综合利用各个企业的资源和组织能力。同盟关系的具体形式包括企业资源的相互利用、共同投资等。同盟关系的形成需要具备一定的条件：①两个企业均具有独特的经营资源，优势可以互补；②资源和优势具有相互利用的可能性；③能够预见未来的新业务和增长前景等。

三、企业运营质量策略创新

（一）企业运营质量成本的优化策略创新

20世纪90年代以来，以计算机辅助设计和集成系统、制造资源规划、弹性制造系统、适时生产系统等为标志的新制造环境的形成，使传统成本管理的体制和方法显示出对当代经济环境明显的不适应性。环境对成本信息的要求在丰富性、精确性和广域性等方面，均远远超过了传统成本信息的功能。同时，作业成本法和作业成本管理影响所及，促成成本管理由战术向战略转型，而作业质量成本管理则是一种专题性、定位型战略，对于提升企业竞争优势起到重要作用。

进入21世纪后，整个世界经济的发展趋势已由数量型经济向质量型经济转变，经济全球化、信息网络化的发展使企业要面对的国内外市场竞争更为激烈。在这场竞争中实施全面质量管理就成为取胜的关键因素。这是因为从价值链的角度看，顾客认为高产品质量即高价值，而高价值又值得企业可以据此提高产品价格或者扩大市场份额。质量改进又减少退货率、生产成本并缩短生产周期。销售收入的增加和成本的降低增加了企业的净利润及投资回报率。企业以质量为中心拓展了市场机会，提高了自身的竞争优势。然而，质量的改进会导致成本增加，企业只有在提高产品质量的同时，降低不增值作业质量成本，才有望在市场中具有更大的竞争优势。研究全面质量管理（TQM）下的质量成本控制就成为新时期企业面临的挑战。从我国企业来看，TQM下的质量成本控制研究还较薄弱，如何在提高产品质量的同时，有效地降低产品质量成本，提高企业的效益和核心竞争力，是一个值得关注的课题。

1. 企业质量成本及其把握

（1）质量成本

质量成本（Costs of Quality，COQ），是指企业为保证或提高产品质量进行的一切管理活动以及由于产品的质量问题造成损失等企业所必须支付的费用，即在满足客户要求的所有质量活动中所发生的关联成本，通常分为符合要求的代价和不符合要求的代价。所谓符合要求的代价即为了满足客户的要求而有计划地投入到质量管理活动中的成本。如为预防产品或服务产生缺陷而进行的各项投入，即预防成本；对产品和服务进行测量、评估或稽查，以确保其符合质量要求的费用，即所说的鉴定成本。不符合要求的代价是指非计划性而投入到质量管理活动中的各项费用。通常分为内部（即产品未出厂）不符合要求的代价——内部损失成本和外部不符合要求的代价——外部损失成本。但计划内的质量成本存在着一个合理性与经济性问题，计划外成本是人们所不希望发生的，那么，如何使计划内成本在满足客户的要求，同时既符合公司的发展战略，又能够使此成本符合经济性原则；如何大幅度地削减或根除计划外质量成本，就成了质量管理活动中的重要工作，即质量成本管理。质量成本是经营成本的有机组成部分，是产品质量经济性的重要体现。它从经济的角度反映了质量体系的运行情况。

（2）合理质量的把握

质量是企业的生命，是企业实现经济效益的保证。自我国实行市场经济体制改革以来，质量成为竞争的核心因素，企业也越来越重视质量管理。一方面，为了满足顾客的需要，企业必须保证质量；另一方面，为减少成本耗费，赢得利润，企业又不能盲目地提高质量。对质量也应把握一个合理的"度"，以寻求顾客与企业双方利益的满足。这才是质量管理所要达到的真正目标。

总之，"合理质量"观念更加突出了质量成本管理的经济效益原则，它严格区别于以行业或国家标准为判断依据的工程导向的质量观念，是一种较为先进的管理思想，同时也为完善质量成本概念提供了理论基础。

2. 企业运营质量成本内涵及组成

质量成本首先是一种成本，是成本的一部分，是货币化的质量，企业在质量上的各种开支是可以进行优化并取得较好回报的。企业运营质量成本主要包括以下四个方面：

（1）预防成本。预防成本是指企业为保证产品质量的稳定和提高以及能够满足顾客或客户的要求，对生产出来的产品必须检验和实验；企业为了适应市场的需求，必须设计出新的产品，对新产品也必须检验和实验；企业在生产过程中必须控制生产的工序质量，以预防和减少发生故障而采取的措施等企业所必须支付的检验、实验、控制和设计的费用。这些费用大部分用于检验和设计，由质量管理部门及检验、产品开发等部门根据检验和设计费用所支付的凭证进行统计。

（2）鉴定成本。鉴定成本是指企业的检验和开发设计部门为保证产品的质量，进一步对产品进行评定是否符合企业、顾客和客户所要求的质量水平对产品进行检验和实验所支付的费用。这些费用是大部分用于检验和试验，由检验和开发设计部门根据检验、试验等支付。

（3）内部失败成本。内部失败成本也叫内部故障成本，是由于企业在生产过程中某一环节控制不当导致产品报废及产品质量不能满足顾客或客户的标准要求，企业对产品必须做出报废决定或改善对策所投入的成本费用，这些经济损失由质检或生产车间的统计人员根据生产车间废品的报告单来进行统计。

（4）外部失败成本。外部失败成本也叫外部故障成本，是由于产品在客户或顾客的手中使用一段时间后，出现质量故障，企业必须对顾客或客户的要求进行赔偿所支付的费用，这些经济损失由业务部根据客户或顾客的质量反馈信息凭证进行统计；外部质量保证成本是指企业为了让顾客或客户对本企业产品质量的信任，保证产品在顾客和客户使用一段时间后还能满足要求，必须要有一段时间的保质期，为此企业必须要支付的产品质量保证费用。

3. 企业运营质量成本优化策略

质量成本的高低是衡量企业管理水平和技术水平的一把尺子。企业应不断优化其质量策略，以不断取得增质降耗的效果，保持其产品竞争力。强调以下四个方面的优化策略：

（1）预防成本的优化策略

以最经济的手段生产出用户最满意的产品，适当地增加预防成本是必需的，这是为了从根本上保证产品质量。同时，由于预防成本的增加（即预防的措施增多），产品质量得以改善和提高，使得内、外部损失成本大幅度下降，其最终结果，既降低了质量成本，又增加了经济效益。

（2）鉴定成本的优化策略

在追赶行业潮流的现代化企业，许多仪器及设备都比较昂贵，要求也比较精准，这样使这些企业仪器设备的校准费用较高，使成本上升。所以基于这点，要降低鉴定成本，还要求做到如下三点：

1）合理控制校准成本。企业可以将同类型较多的仪器归类，并分出精度等级，企业只须把精度级别最高的一件或两件送权威专门机构进行定期校准，然后其他的同类仪器以这种仪器作为校验标准即可。这样可以省下大批检验费用，同时也能满足仪器的精确性。

2）合理的实验室规模，外包与自验相结合。很多企业建立了实验室以检验原材料及产品质量，这是很必要的。但不是实验设备越完备越好，这些实验设备不仅昂贵，而且检修及配件昂贵，所以企业的实验室不是越完备越好，应对使用频率不高，使用条件较苛刻的仪器采用不购买而外包给专门检验企业和服务机构方式以减少不必要的浪费，减少不必要的预防成本。

3）仪器设备的合理预算。主要指新购置时，要综合评估公司产品未来的发展趋势，现有仪器设备的使用状况。首先，要评估是否一定要买。需要考虑的因素有买来后的使用效率及折旧费用等，是否马上需要且为长期一直需要，内部是否可以挖掘潜力，充分估算投资报酬率，或成本利益得失。其次，如果决定购买，仪器设备的选用要和公司的实际情况紧密结合。

（3）内部失败成本的优化策略

1）合理设置中间过程检验。企业在生产过程中，或多或少地都会产生一些在线残次品，这些残次品如果随着正常半成品在线上流动，将对生产线的产量和质量产生负面影响，使内部失败成本放大。企业在生产过程中，要在科学评估在线产品质量的前提下，合理设置一些中间过程检验点，使不合格的中间产品不流入下一生产环节，以降低各成本要素，以避免失败成本的放大，降低失败成本。

2）实行事故报告制度。企业在预防成本投入充分及生产组织没有大漏洞的情况下，仍然会发生或大或小的事故，有的造成产品质量波动，有的造成大批废品，有的甚至造成生产线停线，当然原因有多种，但大多数这样或那样的事故都或多或少与人相关。应当在事故发生后，在相关部门分析原因后，把相关背景资料包括原因、后果及避免措施向基层操作者散发，让每位相关的操作者学习、理解，尽可能地避免同类型事故发生，也就极大地降低了故障成本。

（4）外部失败成本的优化策略

随着市场经济不断深入，外部法律的进一步健全，消费者自我保护意识的日益加强，一旦出现外部故障，其引起的成本越来越大，原来由社会和消费者承担的大量费用现在不仅要企业自己承担，而且是加倍承担（如消费者权益法中规定的双倍赔偿），这样原来很小的外部成本，现在可以危及企业的生存及发展。此外，外部故障对企业的风险很大，又很难控制，所以对企业影响也很大。

企业要想真正通过全面质量管理提高管理水平，提升产品竞争能力，就有必要及时优化质量成本的管理策略。同时针对企业实际，不断调整优化预防成本与失败成本之间的关系，使质量成本管理真正收到实际效果。在预防成本投入方面，要按"等强失效"原理设计产品，合理加大产品在设计阶段的资金投入，对供应商进行合理培训，区别对待新老产品的预防成本的投入，加强新员工培训等。在降低失败成本方面，要合理设置中间过程检验，实行事故报告制度，同时加强以人为本的理念，使企业通过质量成本管理在提高产品质量的同时，有效降低产品质量成本，提高企业的效益和核心竞争力。

（二）企业运营服务质量策略创新

企业服务区别于他人的基本方法是长期提供比竞争者更高的服务质量。然而，服务质量却是个很模糊的概念，人们通常用不准确的形容词如"出色、豪华、光彩夺目或分量十足"等来描述服务质量及其要求。服务企业只有在明确把握顾客所需的服务质量的前提下，才有可能保持顾客的忠诚。

1. 企业运营服务质量的构成及来源

服务质量不像产品质量，它具有更多的难把握性，站在企业角度或站在顾客角度认识的服务质量可能有所差别。从企业的角度看，服务质量是企业在对顾客的服务过程中，为使目标顾客满意而提供的最低服务水平，也是企业保持这一预定服务水平的连贯性程度。从顾客的角度看，企业服务的对象是顾客，服务质量的好坏最终是由顾客的意见决定的。顾客对服务质量的理解是基于他对该服务质量的感知，同一项服务会由于顾客的不同而产生不同的感知服务质量。顾客对服务质量的要求也是在不断提高的，顾客追求优质服务，但优良的服务质量通常需要购买者付出更多的钱，因此对所提供的服务，大多数顾客需要一个比较、衡量的过程，顾客认知的服务质量是对整体服务质量的判断。

服务的无形性和多面性使得服务质量很难被顾客感知，从而企业也很难把握，因此应综合消费者与生产者两方面的观点来探索服务质量的含义。服务质量既表现在服务者提供的服务的本身效用上，又表现为顾客对他们得到的服务的满足程度。

（1）服务质量的构成

服务或多或少是主观体验过程。在这个过程中，生产和消费是同步进行的。顾客和服务提供者之间存在着包括关键时刻在内的互动关系，这种互动关系即所谓的买者—卖者互动或服务接触，它对服务质量的构成具有非常重要的影响。

服务质量包括两个要素：技术要素和功能要素。技术质量包括服务本身的质量标准、环境条件、网点设置以及服务项目、服务时间、服务设备等是否适应和方便顾客的需要。通常，顾客对技术质量的衡量是比较客观的，因为技术质量涉及的主要是技术方面的有形内容。

但是，在顾客与服务提供者之间存在着一系列的互动关系，服务传递给顾客的方式对于顾客感知服务质量也起到重要的作用。顾客接受服务的方式及其在服务消费过程中的体验，都会对顾客所感知的服务质量产生影响。这涉及服务质量的另外一个组成部分，即功能质量，这个部分与服务接触中的关键时刻紧密相关，它说明的是服务提供者是如何工作的。它是指服务人员的仪态仪表、服务态度、服务程序、服务行为等是否满足顾客需求。它与顾客的个性、态度、知识、行为方式等因素有关，并且顾客对功能质量的看法也会受其他顾客的消费行为的影响。

很多企业提供服务时，重视改进技术，如采用"服务工业化"措施，用精心设计的服务体系（软技术）和现代化设备（硬技术）取代人工服务，以此提高服务质量。技术质量确实很重要，它能使企业取得一定成功，如果顾客认为技术质量非常重要，采用技术性竞争策略的企业往往能取得竞争优势。但是，其局限性也是非常明显的：如果竞争对手的技术实力都很强，这类企业就很难取得长期竞争优势。

（2）服务质量的来源

服务质量的四个来源，即设计、生产、交易、与顾客的关系，这些方面的管理方法也影响着服务质量。服务的技术质量以及与买卖双方有关的功能质量都会受到这些因素的影响。

服务的设计影响着技术质量，例如，顾客或潜在的顾客可能参与设计过程，这可以改进技术质量，但对功能质量也有影响，顾客会认为卖主对他们非常重视，能够尽力解决他们的问题，所以有利于顾客与服务企业的友好互动。就服务业而言，生产是质量的一个来源，技术质量是生产过程的结果。参与到这个过程中的顾客可以观察到大部分生产过程，于是买卖双方的相互作用就产生了，这种相互作用对功能质量也有影响，因为顾客与生产资源、生产设备、生产过程的相互作用的方式会影响功能质量。

交易或多或少是全部生产过程的一部分。交易的结果是买者得到了服务。这样，顾客通过交易感受到了服务的技术质量。除此之外，与过程有关的因素即交易的方式，它影响功能质量。

最后，买卖双方的关系是服务质量形成的重要来源，这种关系对质量的影响主要是与过程方面有关。职员在与顾客的关系中越是具有顾客意识和服务导向，买卖关系对服务质量的影响就越有利。

管理者必须研究和理解企业各种职能对质量的影响。服务质量来源涉及方方面面，在设计、生产、交易时要计划和管理组织中参与买卖交易的员工，对技术和功能两方面都不能顾此失彼。

2. 服务质量和有形产品质量的区别

（1）服务质量与有形产品质量的衡量标准不同。一般所说的产品质量，是指反映实际产品的结构、材料、成分、外观、性能等各种产品特性的技术指标，这些指标绝大多数可以用技术的方法予以客观的测定，如产品的可靠性、安全性、耐用性等。但是，由于服务的无形性，服务质量要比产品质量难以定义和判断。在许多情况下，服务质量只是在买卖双方相互作用的真实瞬间中实现，因而服务质量的高低往往取决于顾客的自我感觉。同样一种服务，不同的顾客所感知到的服务质量很可能是不同的，即使是同一个顾客，在不同的情况下对同一种服务质量的感觉也有可能不同。因此，服务质量很难通过技术的方法客观地衡量，一般可用顾客满意度和顾客忠诚度等指标来衡量服务质量的高低。

（2）服务质量与有形产品质量的形成过程不同。产品是通过一道道工序生产出来的，产品质量也就在生产过程中得以形成。只有保证每一道工序的生产质量，产品质量才有保证。对于服务行业来说，顾客感知服务质量是在服务提供者与服务接受者的互动过程中形成的，顾客对服务质量的评价不仅要考虑服务的结果，而且涉及服务的过程。因此，服务的生产过程和消费过程都影响服务质量。

（3）服务质量与有形产品质量的管理内容和管理方式不同。产品质量一般可通过技术手段严格测定。因此，产品质量管理的重点应该放在制度管理上，如健全各项生产管理规章制度和质量保障制度，提高计量基准和完善计量检测手段，推行质量认证制度和质量标识制度等。而服务则不然，服务表现为一种过程，一种行为，服务质量主要通过人的行为得到体现。因此，服务质量管理的重点在人员管理上。尽管可以而且也有必要建立各种服务质量管理体系和管理制度，但与产品质量管理不同，即使服务人员严格按照质量标准和管理制度来进行操作，顾客仍然有可能对服务质量不满意。过去不少企业推行"标准化服务"和"微笑服务"未能取得预期的效果就说明了这一点。因此，服务质量管理不仅仅是要建立健全服务质量体系和制度，更重要的是把这些原则和方法落实到每一个员工身上，加强和改善人员管理，提高人员素质，调动全体员工的积极性和主动性，只有这样才能创造出一流的服务质量。

3. 以顾客为中心服务质量管理模式

由于服务产品或有形产品的服务成分比较复杂，很难标准化，服务质量也很难被精确控制和衡量，即使同一项服务，由于服务消费环境、氛围的不同以及消费者经验、文化、期望等的差异，消费者对服务质量的认知也可能不同。因此，企业在进行服务质量管理时，一方面要着力于建立科学的、统一的、规范的服务质量体系，努力实现服务质量的制度化、程序化和标准化；另一方面又要根据服务质量的特点，积极探索服务质量管理的新模式，在此，强调服务质量管理制度和管理程序必须有一定的灵活性，因为员工的作用对服务质量有重大影响。优秀的服务需要创造性，需要员工特别是与顾客频繁接触的一线员工在满足顾客需要的基本前提下临场发挥，灵活应对。因此，对任何一个企业来说，都应当以顾客为中心，通过采用各种措施，激发服务人员的主动性和创造性，来满足或超常满足新老顾客的要求和愿望，建立顾客忠诚，这也是服务质量管理的目标。

4. 全面服务质量管理及其实施策略

顾客感知的服务质量有利于顾客忠诚度的培育，顾客忠诚度决定了企业的获利能力，企业利润的增加有利于企业在有形展示上的投资，从而提高服务的技术质量。此外，企业获利能力的增强也会提升员工的满意度和忠诚度，员工也因此会在与顾客的互动过程中与顾客建立良好的关系，从而提高服务的功能质量。服务质量，顾客忠诚，企业利润和员工忠诚度之间存在互相促进的良性循环关系。服务企业必须实行以顾客忠诚度为导向的服务质量管理，才能在保证员工忠诚与顾客忠诚的前提下，提高顾客感知服务质量，建立长久的竞争优势。

（1）全面服务质量管理的基本原则

1）以顾客为关注焦点。这是质量管理的核心思想。任何组织都依存于顾客，组织失去了顾客，就失去了存在和发展的基础。因此，组织必须时刻关注顾客潜在的需求和期望及对现有服务的满意程度，根据顾客的要求和期望改进工作，以取得顾客的信任，稳定地占领和扩大市场。

2）领导作用。领导作为决策者在质量管理中起着举足轻重的作用。领导者要在充分考虑本组织和资产所有者、员工、顾客、合作者、行业、社会等各相关方面的需求后制定方针，做出规划，确定具有挑战性的、被员工理解的组织目标，并带领员工努力实现目标。领导者要授予员工职责和权限，提供物质条件，激励员工为实现目标和持续改进做出贡献。其中的关键是通过其领导作用及所采取的各项措施，创造一个能使员工充分参与的既有民主又有集中，既有纪律又有自由的工作环境，只有在这种环境下，才能确保质量管理体系得以有效运行。

3）全员参与。人是组织之本，产品和服务是人劳动的结果，加强质量管理工作需要全体员工的参与。首先要使员工了解他们在岗位中的作用以及他们工作的重要性，明确目标和责任，然后给他们创造提高知识技能和经验的机会，使他们对本职工作负有使命感，渴望参与对质量管理工作的持续改进，并努力做出贡献。员工须了解组织的质量方针和质量目标，知道本职工作的目标，知道为完成质量目标须做什么，也知道应该如何去完成，组织应创造条件使员工全身心地投入到工作中去。

4）持续改进。持续改进是增强组织满足顾客要求的能力的循环活动。市场是变化的，顾客会不断地提出新的要求，如果组织不能随之持续改进，就会失去顾客，进而失去市场。任何组织的质量管理体系的充分性都是相对的，都要经过一个从不够充分到比较充分，再到很充分的持续改进的过程。持续改进从概念上不是指预防错误的发生，而是在现有水平上不断地提高服务质量、过程及体系的有效性和效率。此项工作在实施中是通过使用质量方针、目标、审核结果、数据分析、纠正和预防措施以及管理评审的方针，来促进质量管理体系的持续改进。

5）服务定制化。企业要想在网络经济时代大显身手，就必须遵循个性化战略。在个性化时代，顾客是千差万别的。因此，应当是在大规模定制的基础上，针对特定客户需求的服务体系：包括产品线的宽度、深度、产品的个性化定制、质量状况，甚至包括产品的售后服务的各个要素。

6）沟通响应及时化。服务企业应该与每个客户进行对话，并让这种对话成为一种"学习的关系"。顾客会说出他们需要的服务，企业则为他们提供所需的东西。顾客在这种合作关系中会提供建议，并具体说明需要什么样的新服务。在此期间客户会对企业进行教育，由于这种重新教育的过程是很吃力的，所以顾客转向其他服务供应商的机会不大。企业应从培养客户的忠诚度出发，全面了解客户的所需，包括他们需要什么、何时需要、怎样需要，从而提供合适的、个性化的、即时的、具备竞争力的促销活动，"锁定"客户的使用习惯，建立服务品牌忠诚。

（2）全面服务质量管理的规划

质量规划设计的目的是为帮助管理者采用恰当的服务策略以应付日趋白热化的竞争。在指定服务质量管理规划时，必须遵循一定的原则。从总体上说，服务质量规划包括七个子计划：服务概念界定；顾客期望管理计划；服务结果管理计划；内部营销计划；有形环境（服务环境组合）和有形资源管理计划；信息技术管理计划；顾客参与管理计划。

1）服务概念界定。建立顾客导向的服务概念对于合理利用服务资源显然是一件非常重要的工作，它也是服务质量管理流程的第一步。

2）顾客期望管理计划。外部的营销与促销活动不应当孤立进行，而应当与内部的服务能力、资源有机地结合起来，使企业做出的承诺能实现。否则质量隐患总会存在，各计划之间的协调性也无法保证。因此，外部的营销与宣传应当是整个质量规划的一个有机组成部分。

3）服务结果管理计划。服务过程的结果（即顾客从服务中得到的实际结果）是顾客总的服务体验的有机组成部分。服务生产的结果必须要与企业所界定的服务概念相互协调以满足顾客特殊的要求。

4）内部营销计划。功能质量（即顾客对服务过程质量是如何感知的），对于顾客感知服务质量的形成，对于创建企业的竞争优势，都具有重要的意义。决定功能质量的要素主要由与顾客接触的员工真诚、服务的弹性和强烈的服务观念所决定，与顾客接触的员工的能力和为顾客服务的愿望对功能质量水平也起到重要的作用。持续而有效的内部营销工作，是质量管理规划至关重要的组成部分。

5）有形环境和有形资源管理计划。企业通常会根据内部效率的标准来对有形资源、技术、计算机服务系统等做出规划。

6）信息技术管理计划。在接受服务过程中，顾客对信息系统的利用频率越来越高。例如，顾客现在常常利用因特网来搜寻信息或者进行购买，所以服务提供者必须建立起能够满足顾客需要的信息技术系统，并使其成为服务质量管理流程中的有机组成部分。

7）顾客参与管理计划。服务提供者应当培训顾客如何接受服务，以便获得满意的服务结果。如果顾客对服务流程一无所知，不知道如何来接受服务，或者是不愿意按照服务提供者的建议来接受服务，那么，服务过程将会是失败的。应当避免由于部分顾客对服务流程不熟悉所造成的排队现象。同时，要将个别顾客因对服务不满意而形成的消极影响从顾客群中剔除出去。

（3）全面服务质量管理的实施

1）选择最有价值顾客。企业实施顾客忠诚导向的服务质量管理的对象并不是所有的顾客，而是最有价值的顾客，因为来自企业的经验证明，企业利润的绝大多数来自其20%的顾客。企业在与顾客建立关系之前，应进行顾客潜在的成本与利益的衡量对比分析，并在潜在对象中确定真正的有利可图者。建立、维持和发展顾客关系，势必牵涉到大量投资，若企业从这种关系中的获益不能弥补投资并获取合理利润，则建立关系是不明智的。

只有与最有价值顾客建立联系，企业稀缺的资源才会得到最有效的配置和利用，就能够明显地提高收益和利润。

2）借助网络技术和电子商务技术建立与顾客的全面互动关系。现代网络技术和电子商务技术为企业建立与顾客的全面互动关系提供了良好的工具和手段。企业可以通过网络把企业和顾客联成一体，并对服务流程进行整合，从而为顾客提供一个集成的、一体化的、互动式的高效服务。

3）建立学习关系。企业必须与最有价值的顾客建立学习关系，唯有这样，才能获得、保持和发展最有价值顾客。学习关系表现为：顾客说出他们的需要，企业根据顾客的需要定制产品、服务。顾客信息数据库和企业与顾客间的相互作用是建立学习关系的关键。通过向顾客学习并对顾客信息做出恰当的反应，企业就为顾客设置了转换壁垒。这是因为，顾客在说明其需要时已经投入了时间和精力，假如再从其他企业获得同样的服务，就必须重新建立关系，这就使得顾客在获得的产品或服务价值不变的情况下，增加了转换成本。

4）制造满意员工。顾客感知的服务质量绝大部分由服务员工决定，员工的操作水平和熟练程度影响技术质量，而员工的精神面貌和友善态度影响功能质量。所以，只有满意的员工才能创造出满意的顾客。服务企业要进行全面服务质量管理就必须进行内部营销，制造出满意员工。企业首先要培育员工对企业的认同，包括对企业的经营理念、企业精神和企业价值观的认同。让员工清楚自己在企业中的定位，创造和提供一切机会让员工参与企业的经营管理，调动员工的积极性，形成员工对企业的归属感和认同感。企业还要建立公平合理的绩效评价系统与薪酬制度，来吸引、保留和激励员工。

5）服务补救。企业的服务总是难免有失误，服务失误伤害了顾客的感情，必然会引起顾客的不满、投诉甚至背离。这就需要企业能够及时进行补救和补偿。例如，通过道歉、送礼物、免费、提供额外服务等办法向顾客真诚表达自己的歉意，可以重新赢得顾客。

6）提供人性化服务。人性化服务首先要求服务必须规范化和技能化，也就是说，服务提供者应具备必要的知识和技能，规范作业。服务人员要以友好的方式主动关心顾客，并以实际行动为顾客排忧解难。此外，企业还应注重服务的可接近性和灵活性，尽量使自己的地理位置、营业时间和营运系统的设计与员工的操作更便于服务，并能灵活地根据顾客的要求随时加以调整。

7）实行服务承诺制。服务承诺制又称服务保证，是以顾客满意为导向，在服务产品销售前对顾客许诺若干服务项目以引起顾客的兴趣和好感，招徕顾客积极购买服务产品，并在服务活动中忠实履行承诺的制度和营销行为。企业通常从服务质量、服务时限、服务附加值、服务满意度等方面进行承诺。

8）建立健全服务质量信息系统。建立健全严密而灵活的服务信息系统，不仅仅是服务质量认证的必然要求，也是切实开展服务质量管理活动的有效支持。倾听顾客和一线员工的真实想法和心声，加强企业上下层级的信息交流，往往是那些以高质量服务而著称的企业所践行的成功之道。

9）提升组织内部服务质量。完善组织服务质量内部管理体系，还必须保持和提升员工的满意度和忠实感。服务质量的提升，实质上是消费者满意、员工满意和组织满意的结合与推进。可以说，顾客满意是服务质量的最终体现，而员工满意则是服务质量的创造力所在。消费者的满意度来自服务价值，服务价值是靠企业员工队伍的稳定性和服务效率来实现的。员工队伍的高流动性则往往是服务效率和顾客满意度降低的根本原因，较高的顾客满意度则与较低的员工流动率密切相关。

服务质量是服务的客观现实与顾客的主观感觉对比的结果，顾客对服务质量的评估是一个相当复杂的过程。顾客感觉中的服务质量不仅与顾客的服务消费经历有关，而且与顾客对服务质量的期望有关。因此，企业在进行服务质量管理时，应该从顾客的需求和期望出发，以建立顾客忠诚为导向，实施全面服务质量管理。

第三节　企业流程体系与流程优化

一、企业流程管理的流程架构

流程管理的流程架构是在企业流程管理部门业务定位基础上建立的，该架构能准确描述企业流程管理的核心业务和支撑业务，是一种对企业流程管理工作的结构化展现形式。流程管理的流程架构应该由企业的流程管理部门作为责任主体来建立并监护，随着业务的不断成熟和发展，流程责任人还需要持续对流程管理的流程架构进行维护，以确保企业流程管理架构和流程管理业务的匹配。流程管理的流程架构主要关注对流程的全生命周期管理及在企业开展流程管理工作的推进方法。

生命周期管理循环是指从事物的产生开始到成长，再到成熟，直至衰退、终止的全过程。生命周期管理的理论在政治、经济、技术等很多领域里有着广泛的应用，是对事物从摇篮到坟墓的全过程管理。在企业管理中涉及很多对象的生命周期。

产品生命周期是指产品从进入市场开始，直到最终退出市场为止所经历的市场生命循环过程。产品进入市场标志着产品生命周期的开始，退出市场标志着生命周期的结束。

项目生命周期一般是指项目的立项（识别需求）、计划制订、计划执行和项目收尾的四大阶段。

在企业推行流程管理工作，必须从流程的生命周期的角度考虑，对流程规划、流程开发、流程宣传贯彻、流程审视优化、流程审计、流程的废止进行全方位的管理。

开展流程全生命周期管理有利于在企业开展流程管理工作，同时提升流程管理相关工作的执行力。执行力一直是企业管理的核心课题，提升执行力要解决以下两个方面的问题：

第一，执行的要求需要明确、合理、规范和有效。流程规划强调对业务的结构化思考，强调对比标杆业务实践，规划出合适颗粒度大小的业务流程。流程开发强调全员参与，强调思路研讨，拟制并发布满足各方利益的协作操作要求。流程宣传贯彻强调对流程的培训和学习，通过各种手段让执行者明白流程的要求。

从业务层面上说，流程全生命周期管理有利于提升企业的应变能力。现代企业面临的竞争环境日趋激烈，产品的生命周期越来越短，有时可以明显感觉到行业的生命周期越来越短，最根本的原因就是技术的发展越来越快，客户的需求及竞争环境变化很快，因此企业的应变能力显得极其重要。

第二，战略方向层面。流程审视优化关注业务流程的持续改进，识别业务操作层面的变化和存在的问题，识别新业务和新要求，并把对应措施更新到下一版发布的流程当中。流程审计关注流程设计的系统性、有效性、合规、风险及流程的执行等，识别需要改进的问题，推动业务部门提升业务能力。

流程的全生命周期管理有利于提升组织的学习能力。学习型组织使企业具有自我成长完善的优良基因，是企业能够长久发展的根本。流程本身就是企业各种知识和经验的载体，通过整个流程管理的循环，能够将企业的各种知识经验进一步更新优化和沉淀，同时也为新入职者快速学习和掌握必备技能提供方便。

对流程进行全生命周期管理能够克服传统制度式管理中存在的很多缺点，是企业推行流程管理工作的最佳途径。

在流程全生命周期管理过程中，不同的阶段应关注不同的方面。

在流程的产生阶段，应制定统一流程文件标准，包括流程图的绘制标准、流程文件格式标准。如建立流程图标库，明确流程事件、流程活动、决策活动、IT 活动、IT 决策、跳转、文档模板的标准提醒。如建立流程文件模板，明确概述、目的、范围、角色职责、活动详细说明、表单模板控制、补充说明的标准写法。使得公司所有的流程能够采用统一的语言进行描述，从而降低沟通成本，提高员工对流程理解的一致性。

在流程的成长阶段，应强调培训和学习。流程发布只是流程管理的开始，流程效果的产生有赖于员工的执行。流程发布后应采用各种方式或手段开展流程宣传贯彻，使员工能够知晓并掌握流程要求，如开发流程标准题库并考试、召开流程宣传贯彻会、员工自学等。

在流程的成熟阶段，应强调持续标杆对比。业务的持续改进需要有好的输入，除了针对问题的优化、按照流程优化基本原则对业务的改良以外，更需要优秀企业的最佳实践。对最佳实践的学习、理解、消化并应用到自身业务改进上，这将取得事半功倍的效果。

在流程的退出阶段，应关注及时通告。传统的制度式管理中，对一个业务进行规范有各种各样的形式，如政策、制度、规定、措施、办法，有的还采用会议纪要的形式。由于这些文件缺少整体规划及信息化平台集中管理，可以说用这些文件进行管理很难做到有效。当某一业务产生了新的管理要求时，甚至连以前的文件存放地点都不清楚，就会出现"如有冲突以此为准"的字眼出现在新版制度中。通过流程全生命周期管理，在流程寿命周期结束时，通过统一平台管理，以及时发布废止通告的方式，克服上述问题，实现管理的闭环。

二、流程审视与流程优化

流程发布后，依据定期审视原则或及时变更原则，由流程专员组织召集流程审视会议，由流程监护人组织完成流程优化并重新发布的过程。

流程审视与优化流程的目的如下：①提高流程与实际工作的吻合度，保证业务流程的持续改进；②公司制度、法律规定、会议决议、组织结构条件、IT 系统的开发或修订等事件中出现对业务流程有影响的情况时，能及时调整流程和流程文件来确保流程的执行；③明确流程审视和优化过程中相关人员的职责和活动内容；④员工对业务流程的合理化建议是流程持续优化的途径之一。

流程审视与优化流程适用于公司所有已经发布的流程。

流程审视与优化流程的驱动规则：事件驱动。

驱动条件如下：①流程首次发布后，首次审视优化完成时间不得晚于发布后 6 个月。

②已审视优化过一次的流程，再次审视优化完成时间不得晚于发布后9个月。③Ⅲ流程专员在以下情况需要提出流程审视与优化。发布的会议纪要或公司制度文件中对流程业务范围、业务活动的顺序、业务执行等有变动的情况。由于公司战略需要对部门组织架构、业务范围、业务活动的顺序，业务执行等有调整的情况。

流程拟制人在以下情况需要提出流程的审视优化：①流程执行过程中，发现流程中核心内容无法满足业务需求，或者无法指导业务运作时；②IT系统无法满足业务需求时，在修订IT系统前；③员工在流程执行过程中，对流程有改进性建议时。

第四节 企业流程组织建设与绩效管理

一、建立并推行企业流程责任人制度

流程责任人制度是企业价值观和政策层面的一项重要制度，通过该制度明确各部门对业务和职能管理目标承担首要责任的总经理对流程全寿命周期管理的全部责任，以此为依据，各部门有责任和义务投入适当的资源进行流程建设和管理，企业将依据该制度对各部门的流程建设和管理绩效进行考核，考核结果与部门总经理即流程责任人的年度绩效挂钩。

流程是企业的知识资产，是实现企业业务高效与平稳运作的保障条件。企业开展的绩效管理变革正是为了探索更加有效的业务运作模式，业务流程是描述这种运作模式的重要工具。

流程责任人制度是管理者对业务流程全面负责的一项管理举措，通过该制度的执行，确保企业所有的业务流程得到清晰的识别和界定，落实责任归宿，并使所有流程在其生命周期各阶段得到全方位管理。

（一）流程与跨部门流程的界定

流程：企业定义的流程来自企业各业务领域建立的流程架构，处于企业流程架构的最低层次上，一个流程通常是一项由10个以内的角色按照一定顺序完成，并对下游客户实现某种交付的业务活动序列。企业流程架构最低层次以上的内容称为价值链、业务域或业务模块。

跨部门流程：跨部门流程是从解决具体业务问题的角度提出的一个概念，是对跨部门业务协同方式的一种业务描述形式，是由若干流程或活动构成的某种业务视图，这些流程可以是来自企业流程架构最底层的流程，也可以是单独开发的流程。跨部门流程一般是通过跨部门流程建设项目的方式来完成的，是对现有流程架构的一种补充。

（二）流程责任人的来源和类型

企业各部门对业务绩效直接负责的管理者是流程责任人的直接来源。

流程责任人可分为"一般流程责任人"和"跨部门流程责任人"。一般流程责任人是对流程架构中的业务块而言的，每个业务块都需要有人承担该业务块流程的全寿命周期管理责任；一般流程责任人由企业各部门的最高管理者承担。跨部门流程责任人是针对通过跨部门流程建设项目完成的跨部门流程的责任人，跨部门流程责任人通常由企业分管相应业务的副总裁担任，在项目立项报告中或者项目竣工验收会上确定。

（三）流程责任人的流程建设与管理职责

在符合国家和企业相关法律法规、政策、制度和标准的前提下，流程责任人在流程建设与管理方面的职责包括以下几个方面：

组织方面。流程责任人要在部门内指定流程专员（可以兼职）作为接口人与企业负责流程与体系管理的专业部门接口，负责相应的组织和协调工作。所有各部门必须配置流程专员的角色和人选，对超过100人以上的部门子公司，原则上应设置全职流程专员岗位；另外，为保证流程的权威性和业务上的科学合理性，各部门需要指定支持和指导流程建设的主题领域专家，SME（Subject Matter Expert，行业专家）通常由业务分管领导担任，一个部门子公司可以有多名SME。

建立并维护部门业务流程架构。流程架构是在部门定位的基础上建立的，通过该架构准确描述部门的核心业务、支撑业务和对相关业务部门的支持功能，描述本部门业务与其他组织（包括外部客户与供应商）之间的上下游关系。确保与上下游各个实体之间业务的有机融合。流程架构随着业务的不断成熟和发展，需要发生一些改变，所以需要持续进行架构维护，确保架构与业务的匹配。

流程拟制。基于流程架构形成部门的流程清单，完成部门所有相关业务流程的设计开发和作业指导书的文档化。流程责任人对流程的正确性、完整性和适用性负责，流程的拟制过程参照运营管理部发布的"流程拟制与发布的流程"要求，并使所有文档符合企业流程文件相关的标准，所有业务流程需要细化到角色，需要完成角色与岗位及岗位与员工的准确对应，确保组织对流程的有效支撑。

支持企业层面的跨部门流程建设工作企业需要以一个统一融合的整体参与市场竞争，任何割裂这个整体的部门主义行为都可能损害企业利益。为了保障业务的畅通和效率，对企业科技与运营部（或者其他责任主体部门）组织发起的跨部门流程建设项目，流程责任人有责任在资源保障、方案制定和决策、执行落到实处等方面提供一切必要的支持。

流程的发布与宣传。对部门拟制的所有流程，流程责任人负责流程的审批和签发，对发布的流程开展必要的宣传和培训活动，确保流程被关注、易得到、高可视化，以提升员工的规范化管理意识和流程执行意愿。

员工流程能力建设。员工的流程能力是确保流程执行到位的关键所在，员工针对流程的知识、技能、态度和工作习惯是员工流程能力的主要评价指标，流程责任人要通过宣传、培训、指导和激励等各种方式不断提升员工的流程能力，包括但不仅限于 IT 应用实施能力、痛点分析与处理能力、团队合作精神等。

流程执行和优化。流程的执行是组织执行力的直接体现，流程一经发布，流程责任人应采取一切必要的措施确保员工遵照流程执行。对于执行过程中发生的问题，要通过开展定期的流程审视优化活动完成对流程的改进和优化。流程责任人可以通过指定流程监护人的方式明确基层部门经理对相关流程的定期审视和优化责任。流程定期审视和优化工作是体现企业业务是否持续改进的重要保障，只要企业还在运营，这项工作就不会停止。

支持流程审计工作。在每个业务流程的生命周期过程中（尤其是发布之初），对流程本身以及流程执行的审计是一项必须开展的工作。即使通过企业科技与运营部发布的流程，也会存在规范化和合理性方面的问题。另外，由于工作习惯和能力等方面的原因，有些员工也会存在不按流程执行的情况，企业科技与运营部将通过流程审计的方式对流程及其执行情况进行审计，并对审计的结果以审计报告的方式进行定期发布，旨在持续改进流程质量并促进员工逐步养成按流程操作的习惯，各部门流程责任人需要积极配合并主动支持流程审计工作的开展。

（四）流程责任人在流程建设与管理方面的权利

在符合国家和企业相关法律法规、政策、制度的前提下，流程责任人在流程建设与管理方面享有以下权利：

对业务运行方式的决策权。对于本部门业务范围内的任何一项业务，流程责任人是业务运作方式的决定者，是部门内流程的最终批准人和签发人；对于其他业务或职能部门对本部门所提供的服务或交付件（包括实物和文档），流程责任人（作为内部客户，并通过各流程执行角色承担人），在通过有效协商的基础上，有提出质量及相关要求的权利。

业务运作资源的使用和调配权。各部门的业务运作资源包括人力资源和非人力资源，这些资源都是为流程执行服务的，流程责任人作为各部门业务绩效的责任人，对业务运作资源拥有使用和调配权。

员工激励权。所有的业务流程都是并且必须是以员工作为执行的主体，员工对这些流程所拥有的知识、技能、态度和习惯的状态决定了流程执行的好坏，流程责任人通过拥有对员工的激励权，引导员工完成基于流程的业务操作，确保业务与流程绩效目标的实现。

预算支配权。资金的计划与使用是企业的一种投资行为，将资金投入到正确的地方，是企业做正确的事和按正确的方法做事的保证。流程责任人通过拥有预算的支配权，为流程的制定和执行提供资金支持。

二、建立企业流程建设与管理的组织体系

通过建立流程建设与管理的组织体系，明确相关的部门和岗位配置，确保流程建设管理工作的资源投入。

在国内，设立专门的流程管理部对流程建设和管理工作进行规范化治理的企业并不多，原因是多方面的，要么没有认识到建立这个部门的必要性，要么没有适当的人才资源承担这项工作，要么觉得流程管理是一项很难的变革工作，企业没有开展这项工作的基础条件，等等。但是建立流程管理部门早已成为行业内的标杆企业的普遍实践，企业高层从企业长远发展考虑，应该考虑在企业设立专门的流程管理部。

业务流程的价值定位如下：①业务流程是体现企业战略定位和实现战略目标的工具和手段；②业务流程是指导企业各部门及跨部门业务运作的行为规范；③业务流程是识别企业各部门和岗位职责的主要依据；④业务流程及其体系架构是 IT 平台建设和企业架构的基石。

流程管理的价值定位如下：①通过流程管理，对企业流程（知识）资产进行全生命周期管理，并增值；②通过流程管理，建立流程的责任机制，确保流程被关注，被执行；③通过流程管理形成统一的流程规范和语言，改进和强化组织的沟通效率；④通过流程管理，维护企业的流程架构（层次性）和流程的组件性、可视性。

流程优化的价值定位如下：①发现业务流程的问题和风险，改进运作的绩效；②缩短

流程周期，提升客户响应速度和客户满意度；③降低运作成本，提升股东回报率。

流程管理部的部门职责主要包括三个方面，分别是构建并维护企业流程管理体系，业务流程建立与维护，业务流程变革管理。

三、企业流程建设绩效管理

从建立企业流程管理组织体系可以看出，一个企业要投入大量的资源进行流程建设与管理工作，这些工作的效率和效果如何，通常是企业高层非常关注的问题。与企业内部任何其他业务的管理方式一样，流程建设与管理工作也需要开展绩效管理工作，只有科学设计绩效目标，分解绩效目标，监控并评价绩效目标的完成状况，才能有效推动相关岗位的员工明确履职的意义和重点，才能取得预先设计的结果。

流程建设绩效管理的关键是绩效指标的设计，指标设计要以企业愿景、价值观和管理目标为重要参考依据。企业愿景、价值观和管理目标的实现是一个较长的过程，不同的阶段应该强调不同的工作重点，流程建设绩效指标的设计和下达就会体现出不同的侧重。另外，受资源能力、变革意识及业务成熟度等因素的影响，企业的流程建设工作一般不会一刀切式地在企业各部门全面铺开，而是先从一些条件比较成熟的部门先行开始。对于刚刚开始开展流程建设的部门，一般会强调流程架构的开发及流程的设计与发布；对于开展了一年以上流程建设的部门，流程建设的重点会转移到架构的维护质量、流程宣传贯彻与执行；如果开展了两年以上流程建设，流程建设的工作重点会包括流程的审视与优化及流程的 IT 化等方面。随着流程建设工作的深入，企业整体流程架构的融合、流程与体系的融合及企业架构等业界最佳管理实践的内容将会逐步进入视野。

设立流程管理的组织，配置流程建设相关的岗位，进行绩效考核，这些工作固然重要，但所有的事情最终都是要落实到承担各种工作的人身上去。如果承担相关工作的员工在知识和技能方面与岗位不匹配，就算他有很好的工作态度，他所承担的工作也会存在很大的进度和质量风险。

由于项目团队成员个人素质造成流程建设管理工作效率和效果问题的现象普遍存在，仅就知识和技能而言，他们可能存在的问题就有很多，比如：①不知道流程的概述和流程的目的怎么写；②不知道如何确定流程的业务范围和适用范围；③不知道流程的驱动规则是什么，怎么界定；④不知道如何发现流程的痛点；⑤不知道如何在流程中配置角色；⑥不知道岗位和角色之间是什么关系；⑦不知道如何进行项目计划执行监控；⑧不知道如何主持会议；⑨不知道如何最有效地开展团队沟通与合作等。

　　这些个人素质问题可能发生在流程管理部的流程工程师（顾问）或流程管理员身上，也可能发生在各业务或职能部门的流程专员或项目助理身上。由于他们的个人素质问题，项目团队的整体工作进度和质量就会受到或轻或重的影响，造成整个团队的绩效目标不能实现。常见的团队问题有：①单个流程的开发周期超长，有时一个流程 2~3 个月还不能发布；②项目例会在计划时间内不能完成既定的议题，有时计划 1 小时的会议开了一个上午；③流程审视优化的时间不受控，不能做到及时优化和发布；④流程评审的效率低下，经常被其他无关的话题牵着走；⑤经常需要提出项目变更或项目进度不受控。

第四章 企业信息化模式构建与ERP系统实施

第一节 企业信息化及其重要性概述

一、企业信息化概述

企业信息化（Enterprises informatization），就是将企业的生产、物流、决策、资金、客户服务等业务流程通过信息化手段集成到统一的信息化平台中，利用信息化系统，将这些信息加工成高效明了的信息资源，提供给各级操作、业务及决策人员，通过观察动态业务中的一切信息，以方便管理人员选择最优的生产经营要素组合方式，通过优化资源配置，提高资源利用效率，提高企业对市场环境的应变能力，促进经济效益的提升。

企业信息化水平的高低在一定程度上取决于企业经济效益的好坏。经济效益好的企业通过信息化建设又进一步促进了企业管理水平的提升和经济效益的增加。因此，企业信息化建设在经营状况优异的企业中形成了良性的互动循环。

在我国，企业信息化建设存在两个较普遍的现象：一是在许多大型企业，尤其是国有资本占主导地位、产业集中度较高的行业，信息化建设已经与国际先进水平相差无几。信息化系统运作高效，系统内实现了各个模块的统一集成。二是占中国企业数量绝大部分的中小型制造企业，企业管理尚不规范，制度化管理还不健全，管理水平的高低依赖于领导者的素质。企业管理还停留在生产管理等较为狭窄的范围内。尤其是信息化建设水平仍然十分落后。许多企业仍然依靠手工记账等原始的信息处理方法。虽然有的企业采购了计算机并建设了计算机网络，但仅仅是实现了电子化办公，各种信息化管理工具的应用仍然是空白。

传统制造企业信息化包括两方面的内涵：一是指以计算机技术和信息化系统为主要内容的信息化技术在企业得到有效运用；二是指企业资源计划、客户关系管理、供应链管理等管理理念在企业得到充分应用。据此，笔者认为，传统制造企业信息化的概念是：企业利用计算机技术、信息化系统改造企业内部落后的信息资源处理方式，同时引入企业资源计划、客户关系管理、供应链管理等先进思想，扩大企业管理的范围和空间，提升企业的运作效率的动态过程。

二、企业信息化的重要性

（一）改变了企业的运作模式

信息化技术的普及应用，离不开企业管理模式的变革；与此同时，信息技术的普及又不断推动着管理模式的发展和变化。新的管理模式的出现需要有新的技术手段给予支撑，而新的技术手段的问世，必然促进新的管理模式、商业模式、运作模式的出现。

传统企业的运作模式是通过现场查看、当面议价等方式采购原材料，通过实体的销售渠道，以面对面的方式向客户销售产品。对于客户对产品的个性化需求，企业要通过分销渠道去了解。而在信息化时代，由于电子商务的迅猛发展，企业在网上实现了原料采购、产品销售以及与客户的直接有效沟通。信息技术的介入，改变了传统的交易流程。一方面大大缩短了交易周期，另一方面拉近了生产者与最终消费者之间的距离。

戴尔电脑利用其独特的网络直销平台，直接面对客户，有效解决了客户的个性化需求。有别于其他计算机制造商，戴尔没有大规模地建设线下销售店面，而是采取了订单式生产，网络直销的模式。这种模式，有效降低了库存和采购成本，提高了资金周转效率。通过这种全新的商业模式，戴尔很快成为全球 PC 行业的领军企业。

近年来，中国国内的小米手机，采取生产代工、微博营销、网络论坛，打造独特的小米粉丝文化，在短期内取得了巨大的销量，彻底颠覆了传统手机制造行业的发展模式。这些事例，无一例外地说明了信息化、网络化对于传统制造企业发展变革的促进作用，信息化正极大地改变着传统经济的运营模式。

（二）改变了企业的竞争方式

传统上，企业间的竞争主要集中于成本和价格两个方面。企业要想获得良好的经济效益，主要依赖批量采购，加强原材料质量控制等手段去降低企业原料购进成本，同时通过加强内部管理，提升生产运作效率降低产品生产成本，通过成本节约获得产品低廉的市场价格优势。

信息化时代，企业间的竞争内容和竞争方式有了极大的变化。企业不再单纯关注价值链中某一环节的成本最优，而是关注整个企业的系统运营成本最优；不再关注产品价格的低廉程度，而是注重客户良好的使用体验。通过信息化系统的建设，企业实现了内外资源的优化配置，企业在全局层面实现了运行效率最高，通过综合运营成本的降低，赢得了产品的竞争优势。

由于信息技术的时空放大效应，客户购买产品不再受时间和位置的限制，企业的竞争范围大大扩展。企业间的竞争也逐渐突破了市场空间的限制，从关注单位产品利润向关注总体销量转移，从关注利润向关注客户体验转移。因此，信息化时代，将是一个以客户为中心，关注客户体验的时代。例如，在淘宝网上，左右客户购买决策不再是产品低廉的价格，消费者越来越关注其他用户对产品的使用体验，好评意味着销量的提升。天猫、小米手机、乐视电视等互联网制造企业颠覆了所在行业的传统竞争方式，依靠网络化和信息化的竞争模式，彻底改变了行业格局。

（三）提升了企业核心竞争力

企业的核心竞争力即企业相较于竞争对手而言所具备的竞争优势与核心能力的差异。企业核心竞争力是一个内涵丰富的概念，包括产品、服务、技术、营销、管理等各个层面。企业信息化为这些要素注入了新的活力。通过核心竞争力的打造，企业可以获得区别于竞争对手的竞争优势。运用信息技术促进产业结构调整和升级，增强企业的技术创新和管理创新能力，可有效提高企业的核心竞争力。

过去，企业竞争的范围较为有限，企业很难做出差异化。信息化时代的来临给企业提供了技术创新和模式创新的舞台。越来越多的企业，通过信息技术和网络技术，创造出本企业有别于其他企业独特的竞争优势。

例如：小米手机的粉丝文化和高性价比，乐视电视的互联网电视概念，苹果手机的最优客户体验，等等。这些企业通过利用互联网技术，打造出本企业产品独特的竞争优势，这些竞争优势的打造，都依赖于信息化时代独特的商业运营模式。企业的竞争正由以往的以产品和服务设计为中心的竞争，转变为以管理和营销为中心的竞争；由以往的产品和服务、质量的有形竞争转变为争取消费者信心的虚拟竞争。

第二节　企业信息化模式选择与构建探索

一、现有企业信息化模式的简介

企业信息化模式（Enterprise Informatization Model），就是指企业实施信息化过程中采取的方式、方法，以及各个阶段所关注的侧重点。它是在信息化实施的整个流程中，对影响信息化实施成果的各种要素的不同组合。选择的侧重点不同，信息化模式就不相同。

信息化模式主要是指企业信息化建设的方式。根据信息化产品来源不同，现有的企业信息化模式包括：自行开发模式、外购模式、平台咨询模式、租赁模式等。

（一）自行开发模式

自行开发模式，即所有信息化软件系统都是企业信息化队伍自主研发的。

此模式的优点：一是系统是根据企业的实际运营模式开发出来的，能够有效满足企业的实际业务要求，针对性较强；二是便于调整，企业的业务流程发生改变后能够迅速对信息系统进行更新和优化。此模式的缺点是：一是投入大，开发周期长。企业不仅需要建立自己的研发队伍，还需要投入大量资金购买各种开发工具、开发平台，维持研发队伍。同时软件开发周期较长，会延长项目的实施周期。二是企业内部 IT 人员技术水平有限，思维受限于企业现有管理模式，系统很容易成为现有管理模式的自动化，不利于企业管理水平的提高。

（二）外购模式

外购模式，即外购市场上的套装软件产品。

此模式的优点：一是项目进度快。由于是购买成熟的软件系统，节约系统开发时间，系统可以迅速上线。二是能迅速优化企业管理流程。由于套装软件往往是根据最新和最先进的管理流程进行设计的，可以帮助企业有效提升管理水平。三是系统上线风险小。由于套装软件经过了许多用户的使用和验证，其系统风险往往是最小的。四是软件成本相对适中。通过众多客户的应用，套装软件开发成本得到了有效分摊，因而价格往往比较适中。

此模式的缺点：一是与企业自身管理模式适应性较差。若企业管理水平较高，套装软件的简单流程设计无法满足企业的应用需要。二是无法避免套装软件中存在的缺陷和不合理流程；三是系统更新较为烦琐，系统升级和二次开发无法得到有效保障，软件的更新升级过度依赖软件提供商，各种需求无法得到有效响应。

（三）平台咨询模式

平台咨询模式，即企业选择一个与自身生产特点相适应的软件开发平台，然后在此基础上选择一家管理咨询公司对企业管理模式、特点等进行梳理。

此模式的优点：一是能提升企业管理水平。通过专业咨询公司的流程梳理，能设计出提升企业管理水平的流程，以及配套的管理制度、精细化管理手册等，并将提升后的企业管理模式落实到系统中去。二是系统上线风险小。选择专业咨询公司进行监理，由咨询公司代表企业的利益去跟软件开发商进行沟通，可以降低系统的建设风险。三是系统建设费用较低。这种模式使用的是现成的软件平台，企业不必再培养大批的流程管理人员和系统开发人员，这能在一定程度上节省开支。四是系统开发的周期短。在基础平台上进行个性化设计与开发，可以缩短系统的开发周期。

此模式的缺点：一是易受咨询公司水平的影响。如果选择的咨询公司不够专业，系统建设的效果就很难得到保证。二是要增加部分咨询费用。

（四）租赁模式

租赁模式是指企业从信息化服务商租赁信息化设备和系统，企业按照一定的收费方式，付费试用。

这种模式的优点是：降低信息化投资规模，保障了信息化系统的及时更新升级，保证信息系统较强的处理能力，保持对企业信息化的有力支撑。随着信息技术和网络技术的发展，信息化产品的租赁方式也在不断发展，先后经历了设备租赁、网络数据租赁等阶段，目前出现的云计算模式就是在租赁模式的概念之中，租赁内容从实物向虚拟转变，租赁成本大大降低。

当前及未来的信息化租赁模式主要有以下三种：

（1）ASP（Application Service Provider，应用服务供应商）模式。ASP 是指一些将运营在自己服务器上的应用系统，通过网络出售或出租给其他企业而收取租金。ASP 是一种第三方提供服务的公司，它们拥有自己的主机，在自己的主机上部署、管理和维护各种应用系统，然后通过网络向远端的客户提供服务。由应用服务提供商负责应用系统的建设和维护工作，企业不再需要关注系统是如何建设和运行的，而只需要支付租金。

此模式的特点：一是信息化门槛低，企业可以节省大笔信息化建设费用和维护费用；二是系统实施风险较小，企业避免了大量投资，就避免了信息化项目失败带来的投资风险；三是系统安全性高，ASP服务商在提供信息化服务的同时，也采取了一些保证数据安全和保密的相关技术措施。

（2）SaaS（Software as a Service，软件服务）模式。SaaS的中文名为软件运营，SaaS是通过互联网提供软件和信息化服务的软件应用模式。

SaaS是一种新兴的软件应用模式，是软件科技发展的最新趋势。由SaaS软件提供商负责软件平台的搭建和维护，企业不需要再购买软硬件和招聘专门的信息技术人员，只需要通过互联网，就可以使用软件服务。

此模式的优点：一是免除客户购买服务器硬件和软件维护的费用，只需要通过个人电脑和互联网就可以使用服务；二是SaaS是按需定制的服务模式，企业只需要为自己需要的模块支付租金；三是软件服务商可以随着新技术的应用，随时更新软件，提供更加高效、灵活的SaaS服务。

（3）云计算技术模式。云计算是将计算和系统服务分布在大量的计算机上，而不是一台本地计算机或者远程服务器上。企业能够随时切换到需要的应用上，根据自己的需求访问计算机和云存储系统。

这种模式的特点：一是服务分散于大量计算机上；二是计算服务的获取成本低廉。未来这种模式将有可能在全球中小企业得到广泛应用。

二、企业信息化模式的选择

（一）企业信息化模式选择的影响因素

企业选择何种信息化模式要结合企业的自身特点，充分考虑本企业的信息化需求、企业信息化现状、信息化基础条件等因素。

（1）信息化需求。企业信息化的顺利实施，首先需要准确分析和把握企业的信息化需求。许多企业在信息化目标实施过程中面临需求不明确的问题，不知道自己的企业需要通过信息化满足哪些经营需要。需求不明确，信息化的实施就无从谈起。所以，选择信息化模式需要明确企业到底需要什么，包括每项业务的具体需求与改进建议以及信息系统功能需求等。

（2）信息化现状。企业在启动信息化进程时，究竟选择什么样的模式，还必须依据对企业信息化情况的客观分析，不能盲目追求所谓的"先进"技术，否则可能会多走弯路，甚至因盲从导致巨大的损失。因此，企业需要准确把握本企业信息化的现状，主要包括：信息化基础设施建设情况、现有信息系统存在的问题、企业信息化的整体水平及所处发展阶段、企业独特的管理文化等。信息化基础设施是指企业是否接入了网络，网速的快慢，是否建设有服务器、服务器先进程度，信息化人才数量、水平等。现有信息化系统存在问题是指企业当前的信息化系统处于何种水平和状态，在哪些方面制约着企业信息化管理的运转效率。

（3）企业基础条件。信息化模式选择必须基于企业自身实力，而不应该盲目攀比，不顾自身条件好坏，做表面文章。信息化建设需要大量的资金投入，需要企业储备一定数量的信息化人才同时具备良好的管理基础。因此，企业的经济效益、人才储备及管理基础对信息化模式选择也有着重要影响。例如，在经济效益较好的集团型或大中型企业，信息化建设可以选择首先建立集中采购、统一销售和资金集中管理的平台，整合和控制集团资源，然后在下属公司推进信息化建设的模式；经济效益一般的企业信息化建设则建议从局部应用开始，逐步推进。

（4）生产经营方式。实施企业信息化的过程，就是对企业的经营方式和业务流程进行重组和改造的过程。不同的生产经营方式意味着不同的信息化模式。例如，低库存企业要求各个生产阶段可以通过信息系统相互联系，同时进行，使原有的直线串行式生产变成网络经济下的并行式生产，最大限度地降低库存。大规模的定制生产型企业要求用标准化的部件组合成客户化的产品或服务，以单个顾客为对象，保证客户需求得到最大限度的满足。又如，制造类企业离散型生产方式的生产过程的各个生产环节相对独立，生产过程间断不连续；流程型生产方式的产品生产过程是连续不间断进行的，中间不存在停顿。生产方式上的不同特点，在很大程度上影响着企业的信息化模式的选择。

（5）企业规模与组织结构。企业规模和组织结构不同，系统的统一性、实施难度和技术要求也就不同。通常情况下，企业规模越大，业务流程越复杂，对信息系统的要求就越高。软件能够支持的系统的复杂程度是评价软件水平的一个重要指标。对于单一行业，只生产一种产品的企业，只需要软件解决本行业性的信息化问题就行了。对于多元化，有多个独立下属企业的集团公司，由于业务流程的复杂性，一般需要应用较为复杂的大型软件。

（6）企业发展阶段。在企业战略发展的不同阶段，相应的信息模式也应该有不同的选择。在企业初创阶段，无论是企业的产品、技术、人员，还是企业的市场和客户都处于不稳定的变化状态。这个时期企业如果投入了大量资金购买大型的商品化软件，必然会由于企业的不稳定状态导致软件频繁的变更和调整，软件很难适应这种快速变化的状态。这个阶段，企业可以针对不同业务模块的独特特点，选择部门级的应用。在企业的稳定时期，各种业务流程和管理模式相对规范、固定，企业就可以通过比较成熟的大型软件来进一步规范管理，提升企业的管理水平。在企业处于衰退时期，由于市场竞争激烈，假如企业能够保持垄断地位，就可以通过大型信息化软件的应用，进一步确保自身的垄断地位。而对于即将退出行业竞争的企业，此时的信息化建设则要考虑尽可能地缩小规模，尽量将有限的资金应用到部门级应用上。

（7）外部环境。企业所处的竞争环境、行业周期是影响企业信息化选择的重要因素。由于企业所处的行业发展状态，行业竞争态势和竞争内容不同，企业的信息化建设也会有不同的侧重点。

（二）现有信息化模式的问题分析

传统的信息化实施模式各具优点，采取这些模式开展的信息化建设也在不同程度上解决了企业的一些信息化需求，但仍然存在一些急需解决的问题，主要包括集成度低、实施成本高、信息化质量和售后服务得不到保障、二次开发问题得不到解决等。

（1）系统集成度较低。目前，由于我国信息化建设起步比较晚，贯穿整个企业各个业务流程和整个产品生命周期的软件产品较少，质量还不够完善。企业信息化建设往往停留在部门级应用上。企业内部的信息化往往是财务系统利用一套软件，运营管理系统运用另一套软件，客户服务系统则是再一套软件。不同供应商的软件产品，由于采用的技术架构不同，系统之间缺少高效的信息传递和共享。虽然可以通过接口技术使这些系统不再是信息孤岛，但集成度不高带来的问题依然困扰着很多企业。

（2）项目实施成本高。我国信息化实施经验表明，信息化软硬件采购成本只占整个信息化成本的一小部分。绝大多数信息化成本发生在项目实施阶段和运营维护阶段。由于信息化实施过程中存在许多不确定因素，许多企业的信息化工程往往容易陷入项目周期延长的困境，时间延长意味着实施成本增加。很多企业的实施实践表明，信息化实施费用往往是购买产品费用的数倍，甚至十几倍。

（3）售后服务无保障。多数企业采取外购方式实施信息化建设，套装软件往往很难完美满足企业的经营实际，企业的许多有效的运营模式需要被动调整来适应软件，许多新的管理思想无法在信息化系统中实现，信息化建设不仅没有提升企业的管理水平，由于应用上的不顺畅，反而在一定程度上削弱了企业的竞争力。由于企业对于信息化的认识水平有限，在信息化实施的过程中，企业与软件供应商存在严重的信息不对称，企业很难在信息化实施后，对信息化的实施质量有一个迅速的评价和认识。往往是当企业意识到信息化项目的实施存在某些问题时，信息化实施已经结束。当企业重新寻求软件供应商去解决实施的遗留问题时，软件提供商往往拒绝或者消极处理企业的需求，导致信息化建设的质量无法保证。

（4）二次开发无从解决。由于信息化建设要紧密结合被实施企业的自身特点，软件企业提供的套装软件全部都面临着二次开发的问题。所谓二次开发，就是对信息化软件程序的改动。目前，信息化软件开发商在开发信息系统时往往考虑的是所处行业的行业特点，按照标准化的模式，在系统中设置较为规范的流程。而对于客户的个性化需求，软件供应商通常是通过在软件中设置一些可调整的参数来满足。但是，由于企业特点各不相同，这些参数在很多情况下会出现无法满足企业需求的状况。同时，企业处在一个不断发展变化的环境中，企业对信息化系统的要求会随着企业规模的扩大和周围环境的变化，甚至企业领导的变更产生新的变化，信息化系统很难通过设置可调整参数的模式来满足变化的企业。于是，二次开发就成为决定信息化成败的重要因素。目前企业采取的信息化实施模式往往是当企业经营环境发生变化后，信息化工程已经结束，重新提出的二次开发需求得不到软件供应商的响应，导致企业的需求无法满足。

（5）信息孤岛普遍存在。信息孤岛指的是企业内不同计算机、不同部门级信息系统、不同企业成员的信息系统之间无法实现信息互通和共享，信息化应用相互脱节的现象。当前的信息化模式中，通过系统集成和接口技术，一定程度上解决了不同部门之间的信息互通问题，但由于多数企业规模有限，往往无法将自身信息化系统与供应商和客户实现良好对接。外部数据进入本企业的信息化系统依然依赖人工处理，数据准确性和处理效率没有保障。当前的企业信息化模式，过度关注企业自身信息化建设，对与企业供应商和客户的对接问题考虑较少，未能给信息化系统留下便捷高效的数据接口，导致供应商和客户数据无法高效对接。

三、企业信息化模式的构建探索

（一）企业全面信息化模式

针对现有信息化模式存在的问题和缺陷，结合近年来相关学者的研究经验，发现未来的企业信息化模式应当是一种全面信息化模式。所谓全面信息化模式是指在国家和行业打造的高效运转的信息化环境下，以完善企业内部信息化软硬件设施为基础，以信息化组织的建立和信息化人才的培养为依托，以规范合理的信息化规划为准绳，通过第三方咨询公司的协助，不断加强信息化项目的过程控制，持续推进系统的二次开发和软件升级，多头并进，提高信息化建设的质量和效益。

此模式的特点是综合了较为全面的信息化影响因素，有效规避了传统信息化模式的缺陷和弊端，这种特点主要体现在如下方面：

（1）全流程。这种模式贯穿了信息化建设的整个过程，从信息化环境建设、项目规划、项目实施、项目应用，提出了整个实施链条上各个环节中相关信息化影响因素的侧重点。

（2）全参与。这种模式信息化建设的所有相关实体纳入信息化模式中，主要包括国家、行业、企业、咨询商、软件服务商以及用户等，综合这些参与者在信息化建设中所起到的作用，通过最大限度地发挥信息化参与者的正面促进因素，推动信息化的成功实施。

（3）全方位。这种模式概括了原有信息化模式中的多数缺陷，对信息化模式的缺陷提出了规避的办法。

通过这种模式的构建，调动各个方面对信息化建设的促进作用，规避了原有模式的明显缺陷，在整个实施进程的不同阶段，提出了影响信息化成败的关键因素，因此，可以在很大程度上提升企业信息化建设的效率和水平，提高信息化建设成功的概率。

（二）企业信息化环境建设

提高信息化利用效率，需要建立健全企业信息化环境，通过社会整体信息化水平的提高，促进企业局部信息化项目的实施和应用，避免企业信息化孤岛现象。信息化环境包括国家、行业和企业三个层面。

（1）国家层面的信息化环境建设。企业是在社会环境中运作的，企业信息化成果的高效运营离不开高效运转的信息化基础设施和信息化环境，因此，信息化建设应首先从国家层面做好信息化基础设施建设。

1993年9月，克林顿政府颁布"信息高速公路"战略，计划逐步将电信光缆铺设到所有家庭用户；1994年，美国政府提出建设全球信息基础设施的倡议，旨在通过卫星通信和电信光缆联通全球信息网络，形成信息共享的竞争机制，全面推动世界经济的持续发展。正是由于"信息高速公路"项目的实施，为美国信息化的迅速发展提供了良好的基础设施，为美国企业信息化的高速发展奠定了基础。信息化环境的打造成本不是一个或者几个企业能够负担起的，就像电动汽车的推广需要国家出面解决覆盖全国的充电站建设。企业的信息化建设，需要从国家层面做好四点工作：①需要国家层面上建立起完善的信息化基础设施；②各个企业信息化系统的互联互通依赖国家层面的统一规划；③信息化的实施需要国家去引导，国家需要通过各种行业监管部门、工商、财政、税务等机构的示范引领，同时对企业实施信息化政策予以鼓励，促进企业的信息化建设；④国家应主导建立信息资源共享平台，提高企业间信息化的数据交流。

（2）行业层面的信息化环境建设。与企业信息化发生最直接关系的就是企业的上游原材料供应商、下游产品消费者以及同行业的竞争对手。企业信息化的建设离不开行业信息化的发展。近年来，我国信息化建设已经出现某些行业整体水平较高，某些行业整体发展较落后的局面，这与整个行业的信息化发展环境有很大关系。例如 IT 行业，ERP 等信息化系统的应用水平普遍要高于钢铁、水泥等传统行业，这在很大程度上是由于行业信息化发展水平不同，造成了企业信息化实施状况不一。

结合我国传统制造行业信息化现状及发展需求，我国传统制造行业信息化建设应重点做好三点工作：①积极打造行业信息资源共享平台。行业协会以及行业监管部门，应妥善解决好行业信息资源的开发利用问题。做好本行业基础信息、新技术、新产品的信息收集工作，建立和运营好覆盖全行业的行业数据库，为传统制造企业信息化建设提供内容服务。②进一步做好制造行业信息资源的开发利用工作。充分利用行业协会及其代管专业协会、事业单位的资源和人才优势，做好对行业基础信息及重要技术、人才、新产品、新技术、新工艺等信息的收集加工，建设和运营维护好覆盖行业主要专业的行业数据库，更好地为传统制造企业走新型化工业道路提供信息内容服务。③针对性地做好本行业管理标准化以及信息系统的开发问题。信息化的基础是管理的规范化和标准化，只有在管理上实现了规范统一，才能最大限度地促进行业信息化软件技术的不断发展，同时有效降低信息化实施成本。

（3）企业层面的信息化环境建设。信息化项目的实施依赖于企业内部良好的实施环境，就是企业内部良好的信息化基础设施。所谓企业内部信息化环境主要包括硬件、软件和信息化制度三个方面的工作：①信息化硬件建设主要指企业内部搭建信息化实施所必需的信息化网络、各种计算机终端和信息系统服务器；②信息化软件主要指信息化建设所需的基础软件，如办公软件、操作系统等；③信息化制度是指在企业内部建立规范合理的管理流程、建立保障信息化实施的相关规划和制度。

（三） 企业信息化规划

企业信息化规划就是争取用最合理的规模、最适合的成本，去做最适合的信息化工作，从而实现最期待的信息化目标。

（1） 明确信息化需求。明确需求是企业信息化建设的基础和前提，信息化建设的最主要目标也是发现并满足企业的信息化需求。因此，企业的信息化建设首要任务就是对本企业的信息化需求进行有效的分析和诊断，明确信息化需求。

（2） 明确信息化目标。信息化目标就是企业通过信息化建设需要完成的任务。明确信息化目标主要包括：第一，明确各个部门通过信息化建设对信息化系统应用到何种水平；第二，明确企业通过信息化建设所要达到的目标，例如成本降低、决策效率提升、库存降低等。

（3） 信息化组织建设。信息是继资金、人力、物资之后，另一个大企业资源。跟资金、人力、物资资源一样，信息资源也需要加强管理，需要发挥作用，防止流失和浪费。因此，必须建立起专门的信息化机构，配置相应的信息化人员，并建立规范的信息化管理制度，规范各个信息化岗位的职责和权限。

多数传统制造企业没有设置专门的信息化职能部门，出于节约成本的考虑，只是在实施信息化工程期间指定某一部门，兼管信息化建设。信息化管理在传统制造企业中归口于不同的部门，无法从企业全局层面考虑和解决企业的信息化问题。长期来看，企业的信息化部门不应该是其他部门的附属机构，而应该是一个专门的管理机构，赋予其更多的职能、权利，让其参与企业决策，参与到企业流程的设计中。

企业信息化建设是基于信息技术的管理变革，信息化组织的建设影响着企业的信息化战略和发展速度，信息化组织的建立是成功实施信息化建设的基础之一。

（4） 信息化人才储备。信息化的建设离不开信息化人才的培养和储备。企业的信息化离不开三个方面的人才：一是信息化规划人才，主要负责企业信息化发展战略的制定，信息化制度的制定等；二是信息化管理人才，主要负责企业信息化项目的实施，各种信息设施、信息化人员的管理以及信息化制度的监督执行；三是各种信息化技术人才，主要负责企业信息化设施的日常维护，信息化软件的设计开发等。只有依靠不同层次的人才，做好信息化的宏观规划、中观管理和微观维护工作，企业的信息化建设才能真正促进企业管理水平的提升。

（5） 流程再造。在全面分析和评估企业各类信息化需求和目标的基础上，按照信息化管理的相关要求，对企业现有业务流程进行优化和修改，这是信息化实施的基础和前提。在传统管理模式下，企业存在许多信息化管理方式不配套的管理流程，不能寄希望于通过调整系统这种"削足适履"的方式规避流程再造，否则，信息系统会成为一种简单的自动化工具，无法真正起到提高企业管理水平的作用。

（6）管理变革。信息化建设的核心是信息化管理理念的引入，而不是单纯地引入一套信息化系统。信息化的成功与否取决于企业在开展信息化过程中对旧的管理模式和管理流程的改革力度。如果单纯是通过信息技术将现有流程进行了自动化，信息化建设就很难取得应有的效果。传统制造企业信息化建设只有配合着企业管理变革和转型升级才能取得成功。因此，企业的信息化建设应着力做好以下两点工作：

第一，信息化促进企业商业模式变革——从提供产品到提供服务。传统制造企业只有把业务做到"门外"，做好与产品配套的增值服务，才能真正实现企业发展模式的升级，赢得有别于竞争对手的竞争优势。把发展产品服务作为转变企业发展方式、促进企业转型升级的战略重点和主攻方向。

第二，信息化促进企业管理模式变革——从人为管理到制度管理。企业信息化是一个系统的过程。不像买机器设备只要买过来按照说明书一装就可以了，企业信息化系统的导入更多的是作业方式和理念的导入。因此，在企业建设信息化的同时，应该做好先进管理制度和管理理念的引进工作。业务流程的重组和优化关键是变革企业内部的管理机制，从依靠人为管理到依靠制度管理转变，不断地提高企业管理的规范程度。

（四）企业信息化实施

企业管理信息系统建设所涉及的因素很多，是一项复杂的系统工程。企业的信息化建设面临着诸多风险，如何有效防范信息化风险，提高信息化实施的质量是实现信息化目标的重要保障。结合前人的研究经验，信息化工程的实施应加强与咨询单位的合作，着重做好项目的过程控制工作。

（1）信息化管理咨询。信息化实施过程中，软件提供商和企业之间存在着严重的信息不对称，企业往往缺乏技术层面的相关知识，为提高信息化工程的质量，企业须引入第三方咨询公司，通过咨询公司的合理化建议，进行企业内部流程的优化重组，同时通过咨询公司，提高信息化规划、系统设计的合理性。

（2）信息化工程监理。由于周边环境的多变性，企业信息化工程面临着项目进度失控、项目投资规模失控等诸多风险。因此，信息化工程的实施更应该借鉴其他行业的项目建设经验，引入第三方监理机构，通过监理机构的工作，对企业信息化建设的周期、质量进行过程控制，提高信息化建设成功的概率。

（五）企业信息化系统的应用和维护

信息化系统通过内置的规范流程帮助企业实现了管理流程的优化。但是，每个企业都存在自身的管理特色，这些管理特色是企业有别于竞争对手的重要竞争力。信息化系统不能强制要求企业死板地适应系统的流程。因此，绝大部分的信息化软件都面临着二次开发的问题。只有针对企业的不同特点，对软件进行相应的修改，才能保证信息化系统在企业顺利应用。

企业所处的环境是不断发展变化的，企业自身也在不断发展和变化，因此信息化系统必须具备相应的适应能力。同时，随着社会的进步，各种新的管理理念和管理技术不断涌现，软件开发商只有不断进行软件的升级改造，才能使信息化系统与当前的管理和技术发展趋势保持同步。因此，在与供应商签订信息化实施合同中，应着重关注供应商提供的后续升级服务。只有软件具备了强大的适应能力和应变能力，持续不断地改进和完善，才能持续推动企业管理水平的提升。

第三节 企业 ERP 系统运行管理与企业信息化

一、企业 ERP 的发展及其管理思想

（一）企业 ERP 技术的发展

1. 企业 ERP 技术的发展走向

ERP 出现加上信息技术的深化，使 ERP 的发展趋势有：纳入产品数据管理（PDM）功能；ERP 与企业间的 EDI 集成；增加了工作流功能；增加数据仓库（DW）和联机分析处理（OLAP）功能；客户关系管理的应用；新的模块化软件概念（新的"模块化"概念与现行的"可选择模块的套件"是不同的）；专业化软件；ERP 将更加面向市场，包含基于知识的市场预测订单处理与生产调度、基于约束调度功能，具有更强的企业优化能力；ERP 将与制造执行系统 MES、车间层操作控制系统 SFC 更紧密地结合，形成实时化的

ERP/MES/SFC 系统；ERP 的供需链管理功能将更强，并进一步向全球化市场环境，强调供应商、制造商与分销商间的新的伙伴关系。

2. 企业 ERP 技术的整合方向

ERP 技术的整合方向主要分为六个方向：客户关系管理，工作流管理系统，电子商务、供需链，产品数据管理，技术和集成技术的整合，制造执行系统。

（1）ERP 与客户关系管理的整合。客户关系管理（Customer Relationship Management，CRM），ERP 将更加面向市场和面向顾客，通过基于知识的市场预测、订单处理与生产调度、基于约束调度功能等，进一步提高企业在全球化市场环境下更强的优化能力；并进一步与 CRM 结合，实现市场、销售、服务的一体化，使 CRM 的前台客户服务与 ERP 后台处理过程集成，提供客户个性化服务，使企业具有更好的顾客满意度。

（2）ERP 与工作流管理系统的整合。ERP 的工作流管理功能将进一步增强，通过工作流实现企业的人员、财务、制造与分销间的集成，并能支持企业经营过程的重组，也使 ERP 的功能可以扩展到办公自动化和业务流程控制方面。

（3）ERP 与电子商务、供需链（Supply Chain Management，SCM）、协同商务的整合。ERP 将面向协同商务，支持企业与贸易共同体的业务伙伴、客户之间的协作，支持数字化的业务交互过程。ERP 供需链管理功能将进一步加强，并通过电子商务进行企业供需协作。ERP 将支持企业面向全球化市场环境，建立供应商、制造商和分销商间基于价值链共享的新伙伴关系，并使企业在协同商务中做到过程优化、计划准确、管理协调。

（4）ERP 与产品数据管理的整合。产品数据管理（Product Data Management，PDM）将企业中的产品设计和制造全过程的各种信息，产品不同设计阶段的数据和文件组织在统一的环境中。近年来，ERP 软件商纷纷在 ERP 系统中纳入了产品数据管理 PDM 功能或实现与 PDM 系统的集成，增加了对设计数据、过程、文档的应用和管理，减少了 ERP 庞大的数据管理和数据准备工作量，并进一步加强企业管理系统与 CAD、CAM 系统的集成，进一步提高了企业的系统集成度和整体效率。

（5）ERP 实现技术和集成技术的整合。ERP 将以客户/服务器、浏览器/服务器分布式结构、多数据库集成与数据仓库等为软件实现核心技术，并采用 EAI 应用服务器、XML 等作为 ERP 系统的集成平台与技术。国内软件公司要跟踪和了解企业，充分发挥自身比较优势，突出核心能力，科学制定公司经营发展战略；在公司运作层面要选好 CEO，加强研发管理，重视文化整合，提升品牌效应和增加经营透明度；进一步完善软件服务体系，提高软件整体服务水平。

（6）ERP 与制造执行系统的整合。ERP 与制造执行系统（Manufacturing Execution System，MES）、车间层操作控制系统 SFC 更紧密地结合，形成实时化的 ERP/MES/SFC 系统。加强 ERP 对于生产过程的控制能力，这一趋势，在流程工业企业的管控一体化系统中体现得最为明显。

3. 企业 ERP 技术的常见选型

（1）平台型 ERP。以前的硬件、操作系统、开发环境等都被称为平台，而这些只是基础架构平台。现在的平台是指有好的设计结构的 ERP 应用软件包，被称为业务平台。ERP 的平台具有的集成性和可扩展性，能够解决如物流、信息流、资金流等关键问题；通用性和开放性决定了用户不只是能够应用平台上的软件直接提供的功能，还能够利用平台对软件进行维护，增加所需要的新功能；具有灵活性与个性化，有助于企业针对自身持续改进；可兼容多种操作系统与数据库。

（2）财务软件扩展型 ERP 与准 ERP。有关公司以财务软件为契机，占有市场，拥有客户，又根据客户应用的需求，适时地将自身塑造为管理软件的供应商，全面地开发企业应用软件，发展成人们所熟悉的 ERP 产品供应商。

虽然"准 ERP"从概念上来说，不算 ERP，但是使用它的企业众多、市场需求大。

4. 推动企业 ERP 发展的因素

（1）全球化市场的发展与多企业合作经营生产方式的出现，使得 ERP 将支持异地企业运营、异种语言操作和异种货币交易。

（2）企业不断进行经营过程重组及协作方式的变化，使得 ERP 支持将基于全球范围的实时的、可重构过程的供需链及供应网络结构。

（3）制造商需要应对新生产与经营方式的灵活性与敏捷性，以适应新的生产方式与经营实践，使得 ERP 也越来越灵活地适应多种生产制造方式的管理模式。

（4）越来越多的流程工业企业应用，也从另一个方面促进了 ERP 的发展。

（5）功能越来越强大的计算机新技术的不断出现，将会为 ERP 提供越来越灵活与强大功能的软硬件平台，尤其是客户/服务器多层分布式结构、面向对象技术、中间件技术与因特网的发展会使 ERP 的功能与性能迅速提高。

（6）ERP 市场的需求，刺激了 ERP 软件业的飞速发展。

（二）企业 ERP 的管理思想

ERP 是信息时代的现代企业向国际化发展的高层管理模式。其管理思想主要体现了供需链管理的思想，还吸纳了准时制生产、精良生产、并行工程、敏捷制造等先进管理思想。不仅继承了 MRP II 管理模式的精华，还进行了扩充：①在财务管理方面，ERP 系统将财务计划和价值控制功能集成到了整个供需链上；②在生产方式管理方面，由单一生产方式向混合型生产发展，ERP 能很好地支持和管理混合型制造环境，满足企业多元化经营需求；③在资源管理范围方面，ERP 扩展了管理范围，把客户需求和企业内部的制造活动，以及供应商的制造资源整合在一起，形成企业完整的供需链，并对供需链上所有环节进行有效管理；④在管理功能方面，ERP 除了 MRP II 系统的制造、分销、财务管理功能外，还增加了支持供需链上供、产、需各环节之间的运输管理和仓库管理，并支持生产保障体系的质量管理、实验室管理、设备维修和备品备件管理等；⑤在事务处理控制方面，ERP 通过在线分析处理、售后服务及质量反馈，可将设计、制造、销售、运输等集成起来，并行处理各种相关作业，为企业提供对质量、适应变化、客户满意、绩效等关键问题的实时分析能力。

ERP 的管理思想体现在以下两个方面：

第一，体现对整个供需链资源进行管理的思想。ERP 实现对整个企业供需链的管理，适应了企业在知识经济时代市场竞争的需要。企业把经营过程中的有关各方如供应商、制造工厂、分销网络、客户等纳入一个紧密的供需链中，才能有效地安排企业的产、供、销活动，满足企业利用全社会一切市场资源快速高效地进行生产经营的需求，以期进一步提高效率和在市场上获得竞争优势。

第二，体现精益生产、同步工程和敏捷制造的思想。表现在两个方面：①"精益生产"（LP）的思想，是企业按大批量生产方式组织生产时，把客户、销售代理商、供应商、协作单位纳入生产体系，企业同其销售代理、客户和供应商的关系，已不再是简单的业务往来关系，而是利益共享的合作伙伴关系，这种合作伙伴关系组成了一个企业的供需链。②"敏捷制造"的思想。当市场发生变化，企业遇有特定的市场和产品需求时，企业的基本合作伙伴不一定能够满足新产品开发生产的要求，这时，企业会组织一个由特定的供应商和销售渠道组成的短期或一次性供需链，形成"虚拟工厂"，把供应和协作单位看成是企业的一个组成部分，运用"同步工程"（SE），组织生产，用极短的时间将新产品打入市场，时刻保持产品的高质量、多样化和灵活性，这便是"敏捷制造"的核心思想。

二、ERP 系统的运行管理

（一）管理组织

重视和加强对 ERP 系统在运行中的组织与管理工作，对发挥 ERP 系统的作用和提高企业管理人员的信息意识有着重要意义。注重信息在企业管理活动中的作用，适当提高信息部门在企业中的地位，将 ERP 系统的运行纳入整个企业的管理工作中，企业的经营管理决策与信息支持密切结合起来是充分发挥信息系统的作用、提高企业经济效益的重要手段。根据企业对信息的需求情况和信息在经营管理活动中的作用不同，目前 ERP 系统在企业中的组织形式有以下三种：

（1）分散平行式。分散平行式是指将计算机分散在各职能部门，各职能部门对机器的使用权力相等。在开发时需要进行统一规划，以利于系统的标准化和规范化，减少各子系统在数据通信上的困难。但是信息系统不能成为整个组织的共享资源，因此数据的综合处理能力和支持决策能力较差。

（2）集中式。集中式是将所有的计算机系统集中在信息中心统一管理，各职能部门只是一个服务对象。这种集中管理的组织形式，强调了信息在企业中的重要作用，有利于信息共享和支持决策，但容易造成与职能部门脱节。

（3）结合式。结合式是指将集中式与分散平行式有机结合。这种方式是在计算机局域网络的基础上，在企业设置信息中心，而在各职能部门又建立相应的子系统并通过线路连接起来形成网络。这种组织方式吸收了集中与分散管理的优点，又弥补了各自的不足，所以是一种较理想的方式。系统运行人员的结构和配置数量一般要依据系统规模和复杂程度来确定。

（二）管理内容

1. ERP 系统的维护

随着 ERP 系统实施与用户的需求变化，会出现隐含的错误和对程序进行修改或扩充，使系统进一步完善。因此系统维护的任务就是保证系统的正常运转，使系统的资源得到有效运用，并使系统的功能在运行中不断得到完善和扩充，以提高系统的效率和延长系统的生命周期。由于对系统的维护工作贯穿于系统整个运行期，维护工作的质量将直接影响到系统的使用效果。

（1）系统维护的分类。

1）正确性维护。改正在系统开发阶段已经发生的而系统调试阶段尚未发现的错误。

2）适应性维护。由于计算机科学技术的迅速发展，使系统的外部环境发生了变化。外部环境不仅包括计算机硬件的配置，为了使系统适应这种变化，满足用户要求，就需要对系统进行相应的修改。

3）完善性维护。为了扩充功能和改善性能而进行的修改。在系统的使用过程中，用户往往会提出增加新功能或修改已有功能的要求，为了满足这类要求就需要对系统进行完善性维护。

4）预防性维护。为减少或避免以后可能出现的前三类维护而对软件配置进行的工作，即为了减少以后的维护工作量、维护时间和维护费用而进行的系统改进。

（2）系统维护的内容。

1）程序的维护。在系统维护阶段，会有部分程序需要改动。根据运行记录，发现程序的错误，这时需要改正；或者是随着用户对系统的熟悉，用户有更高的要求，部分程序需要修改；或者是环境发生变化，部分程序需要修改。

2）数据文件的维护。数据是系统中最重要的资源。系统提供数据的全面、准确、及时程度是评价系统优劣的决定性指标。因此，要对系统中的数据进行不断更新和补充。

3）代码的维护。由于系统环境的变化，代码需要进行修改，制定新的代码或修改旧的代码体系。代码维护困难不在代码本身的变更，而在于新代码的贯彻使用。当有必要变更代码时，应由代码管理部门讨论新的代码系统。确定之后用书面形式写清楚交给相关部门专人负责实施。

4）机器、设备的维护。系统正常运行的基本条件之一就是保持计算机及其外部设备的良好运行状态，这是系统运行的物质基础。机器、设备的维护包括机器、设备的日常维护与管理。一旦机器发生故障，要有专门人员进行修理，保证系统的正常运行。有时根据业务需要，还须对硬件设备进行改进或开发。同时，这项工作也应该做好检修记录和故障登记的工作。

5）机构和人员的变动。信息系统是人机系统，人工处理也占有很重要的地位。为使信息系统的流程更加合理，有时有必要对机构和人员进行重组和调整。

2. ERP 系统的升级

ERP 软件提供商会定期提供版本升级服务，企业可相应地采取一些措施接受升级服务。升级并不只是一个技术意义上的过程，而是可能涉及企业大量的人力、物力资源。

SAP 的升级很可能改变数据表结构，增加新的功能模块，或改变现有业务流程，改变代码，甚至整个系统的外观都会发生变化。因此，在升级的时候，可能需要考虑一些额外的措施，例如，识别和解决由 SAP 升级所造成的报表、接口、企业高级应用编程（ABAP）、授权的变化与修改等问题；配置与测试在升级版本中发布的新功能模块；由升级引起的一系列用户文档的建立和用户培训的开展。

3. 企业组织的改革

传统的企业组织结构是层级制金字塔式的，这种传统的组织结构在以知识经济、网络经济为背景的电子商务时代，问题日渐增多。ERP 的出现实现了交易链的扁平化。企业组织结构也随着改革，改革的基本思路应当适应交易链的扁平化、网络化要求，减少管理层次，增加管理幅度，企业高层领导与基层执行者直接联系，使组织更具灵活性和创新性，节约人力资本，降低管理费用，增强企业市场竞争力。

ERP 采用软件功能模块，不同的企业可以根据需求差异选择不同的功能模块，利用 ERP 的这种灵活性构建出企业组织结构的灵活性。企业组织结构需要协调运作，才能使组织作用得到发挥。想借助 ERP 系统加快信息化进程，需要熟知组织各个方面的资源，推行过程要按部就班，同时进行良好的培训，高度重视知识的转移和应用，使各方面资源充分互补。在此基础上审时度势，恰当选取进入时机，使组织改革与 ERP 系统的实施彼此促进，最终完成预期目标。

三、ERP 与企业信息化

企业信息化是结果，ERP 是手段。目前，ERP 代表着企业信息化的最高境界。ERP 是企业信息化的一个子集，企业运用 ERP 只是在进行企业信息化。由于 ERP 已经通过计算机软件得到体现，是很好的可操作性的工具。因此，在 ERP 的基础上，可以融合其他理论与方法，提高企业管理水平。

（一）敏捷制造

敏捷制造的关键技术有：敏捷虚拟企业的组织及管理技术、敏捷化产品设计和企业活动的并行运作、基于模型与仿真的拟实制造、可重组/可重用的制造技术、敏捷制造计划与控制、智能闭环加工工程控制、企业间的集成技术、全球化企业网、敏捷后勤与供应链等。敏捷制造（AM）代表了制造业全球化、信息化发展的最新阶段，通过敏捷化企业组织、并行工程环境、全球计算机网络或国家信息基础设施，在全球范围内实现企业间的动态联盟和拟实制造，使全球化生产体系或企业群能迅速开发出新的产品，响应市场。

（二）业务过程重组的实质

业务过程重组的实质（BPR）的内容包括人的重构、经营过程重构、技术重构、组织结构重构和企业文化的重构。BPR 的关键技术包括：基准研究、建模与仿真技术、工作流系统技术等。

BPR 的实质是：①以顾客需求为中心，考虑企业经营目标和发展战略，并对企业经营过程、组织管理模式和运行机制进行根本性的重新考虑；②围绕着企业经营战略，对企业经营过程进行根本性的反思和彻底的再设计；③企业实施 BPR 的目的在于能够使企业绩效产生巨大提高；④实施 BPR 的使能器是信息技术、人与组织管理技术。

（三）计算机的辅助

（1）计算机辅助设计（CAD）是工程技术人员以计算机为工具，对产品和工程进行设计、绘图、分析和编写技术文档等设计活动的总称。根据模型的不同，CAD 系统一般分为二维 CAD 系统和三维 CAD 系统。

（2）计算机辅助工程（CAE）是用计算机辅助求解复杂工程和产品结构强度、刚度、屈曲稳定性、动力响应、热传导、三维多体接触、弹塑性等力学性能的分析计算以及结构性能的优化设计等问题的一种近似数值分析方法。CAE 包括：产品设计、工程分析、数据管理、试验、仿真和制造在内的计算机辅助设计和生产的综合系统。

（3）计算机辅助制造（CAM）。计算机辅助制造是利用计算机来进行生产设备管理控制和操作的过程，它的输入信息是零件的工艺路线和工序内容，输出信息是刀具加工时的运动轨迹和数控程序。

（4）计算机辅助工艺过程设计（CAPP）。计算机辅助工艺过程设计是利用计算机技术辅助工艺人员设计零件从毛坯到成品的制造方法，是将企业产品设计数据转换为产品制造数据的技术。

（5）计算机集成制造系统（CIMS）。计算机集成制造系统可以分为：技术信息系统与管理信息系统。前者是通过技术实现产品生产的系统；后者是通过管理实现产品生产的系统。二者有机结合构成统一的信息系统，被称为计算机集成制造系统。

（6）客户关系管理系统（CRM）。客户关系管理是一个不断加强与顾客交流，了解顾客需求，并对产品及服务进行改进和提高，以满足顾客需求的连续的过程。其内涵是企业利用 IT 技术和互联网技术实现对客户的整合营销，是以客户为核心的企业营销的技术实现和管理实现。

（7）数据库管理系统（DBMS）。数据库管理系统为保证存储在数据库中的数据的安全和一致，必须有一组软件来完成相应的管理任务，这组软件就是数据库管理系统。DBMS 的功能：数据库定义功能、数据存取功能、数据库运行管理、数据库组织、存储和管理以及性能优化、数据库建立和维护功能。

（8）电子商务（EC）。电子商务是指在两个或多个交易方之间应用电子工具和电子技术处理商品与服务的交易事务。换言之，电子商务就是利用电子技术实现商品和服务的交易。电子商务的基本内容包括电子邮件、电子资金转账（EFT）、快速响应系统（QR）、电子表单和信用卡交易等一系列应用以及支持它的信息基础设施等。

（9）企业信息门户（EIP）。企业信息门户是指在 Internet 的环境下，把各种应用系统、数据资源和互联网资源统一集成到企业信息门户之下，根据每个用户使用特点和角色的不同，形成个性化的应用界面，并通过对事件和消息的处理与传输把用户有机地联系在一起。它不仅仅局限于建立一个企业网站，提供一些企业、产品、服务信息，更重要的是要求企业能实现多业务系统的集成，能对客户的各种要求做出快速响应，并且能对整个供应链进行统一管理。

（10）虚拟制造（VM）。虚拟制造是采用计算机仿真虚拟现实技术，在高性能计算机及高速网络的支持下，在计算机上群组协同工作，实现产品设计、工艺规划、加工制造、性能分析、质量检验以及企业各级过程的管理与控制等产品制造的本质过程，从而增强制造过程各级的决策与控制能力。

第四节 企业 ERP 系统实施与扩展探究

一、企业 ERP 的实施

（一）企业 ERP 实施目的

（1）ERP 成为企业管理的工具。随着经济全球化，中国企业面临多变的市场需求，产品交货周期越来越短，要求准时供货。这一切都对传统的企业管理理念提出了更高的要求。在这种形势下，企业引入先进的 ERP 管理模式与理念，实施 ERP 信息管理系统，以信息化带动工业化成为不可逆转的必然。

（2）ERP 是企业提升管理的必然选择。ERP 具有管理思想和信息技术。ERP 就是运用信息技术将企业内的资金流、物流和信息流进行有效集成，使其协调运作，从而实现整个系统工作绩效最优。

信息流是企业的神经网络系统。管理信息在企业中的流动具有三个方向：①向上流动信息，从基层到中层再到高层，这是信息的汇总过程；②从上层向中层再向下层的向下流动信息，这是对战略、目标、方向的分解过程；③水平流动信息，这是部门之间的沟通和协调过程。信息必须真实、准确和及时，才能保证组织的效能。

物流是企业的消化系统。改善物流速度和质量的关键是业务流程的优化，运用信息化手段会对业务流程产生诸多影响，可以自动去除某一环节的人工操作，改变流程顺序或实施平行化，严密监视过程的状态和目标，实现不同任务和过程间的集成，消除过程中的中介活动，越过空间来协调过程，改进对决策信息的分析，从而使得基础管理周全、规范，领导监控及时、准确。

（二）实施企业 ERP 监理和评估

1. 实施企业 ERP 项目监理方法

ERP 项目实施监理的内容和范围：ERP 项目实施监理是全过程的监理，按照 ERP 项目实施过程可分为：项目前期监理、项目过程监理、项目后期监理。

ERP 项目实施监理是全范围的监理，主要有三大要点：项目实施目标和计划的监理；项目实施所投入的资源和实施结果的监理；项目实施效益的监理。

（1）ERP 项目前期监理。项目前期监理是指项目在启动前，就需要对项目进行监督和控制。在这个阶段，项目实施监理的任务是帮助企业建立两个概念：ERP 系统能够实现什么；怎么去实现 ERP 系统。

1）任务。项目实施监理在这一阶段的任务是：确保项目的总体范围和目标及对项目的期望值，是合理的和可以达到的；确保企业、系统和服务供应商对项目实施的认识是一致的；确保双方能够保证项目实施所需要的投入；确保双方对今后项目实施过程中可能遇到困难和阻力有充分的估计并有对策。

2）内容。企业和服务供应商需要认真负责地制订项目实施的计划和目标。项目实施监理应该对项目实施的计划和目标进行把关，分析并确认这个计划和目标是否是合理的和切实可行的。一个切实可行的计划，必须包括六项内容：项目实施的总目标；项目实施的各个阶段定义和分阶段的目标；达到这些分阶段目标的时间表；达到这些目标所需要的资源保证和达到每一个目标的责任者；评价达到这些目标的标准和方法；高层领导的批准。

3）方法。项目前期监理的工作方法，可以分为：让企业对 ERP 项目有清楚的认识；由双方共同制订总体计划和目标，定义实施的时间、范围、要求，确认投入的资源；在对总体计划分析评判和把关后，让企业高层领导批准并承诺在实施过程中支持。

（2）ERP 项目过程监理。此期间的作用和任务是控制项目实施过程中投入的各种资源和达到的目标，使之达到项目实施计划的要求。

1）任务。在实施过程的监督和控制，注意四个方面：要使实施各方都明白计划是严肃的；即使计划是严肃的，也是可以调整的，调整计划必须合理并得到高层领导批准；发生问题是正常的，不控制问题是不正常的；控制问题的方式有追究责任、调整资源、改变方法、调整计划、停止计划。

2）内容。在项目的实施过程中，监理和控制的依据是计划和目标，监督和控制的目的是要使实施工作按计划进行并达到预期的目标。若问题发生时，直接的表现就是实施结果偏离原来的计划和目标，在此种情况下，项目监理的工作，就是要及早发现这种偏离，并分析原因。

若不是原来的计划和目标的问题，就是资源的问题，企业在实施 ERP 项目时，资源发生问题是最常见的，而好的项目监理，可以在开始发生问题时就发现问题，并懂得分清责任和如何及时控制资源的合理投入。

3）方法。项目过程监理的工作方法可以分为：将一个大阶段分成多个小阶段，按照每一个小阶段进行监理；监督和控制每一个小阶段的计划可行性，监督和控制按照计划的资源投入；监督和控制问题的发生，分清责任者，并且监督和控制调整的措施及其执行情况。

（3）ERP 项目后期监理。项目后期监理是指在项目实施完成以后，再对项目整个实施过程进行回顾、分析和评判，考察项目实施结果，分析项目实施的得与失。主要作用是：分析整个系统实施工作和计划目标的吻合程度；分析系统的实施效果；总结出一套适合本企业的管理系统的实施方法。

项目后期监理的工作方法可以分为：准备和完善整个项目实施的所有文档资料；对照项目实施的总体计划，分析差异；监督改进措施的制定及实现。

2. 实施 ERP 的评估方法

（1）项目实施进度评估。ERP 项目是复杂项目，项目的进度是否能够按照设计规划进行是影响项目效果的关键因素。评估项目实施进度的方法可以使用目前最为常用的项目管理工具，其实很多项目实施失败的原因是计划与实际的区别，开始的时候大家心气十足，进度基本可以按照计划进行，而到了后来，每个人的工作都是交叉的，往往会受到其他工作的影响而忽视了项目的进度，致使项目进行不下去。所以，除了应有相应的制度保障之外，一定要有工具。

（2）项目成本评估。项目成本是评估的第二个关键因素，成本将直接影响项目的成功。现在的 ERP 项目本身的费用就很高，而且没有公开价格，国家价格监督都没有依据。在项目的开始，企业的管理者认为项目刚刚开始，投入还不多，而不注重有效控制成本；到项目实施一段时间之后，发现项目的预算已经不能保证项目的完成了，必须放弃或者追加投入，但是追加投入又会遇到企业资金是否充足的问题。所以，在项目开始之前一定要尽量准确地做出项目预算，并拿出专款，避免在途中因资金影响项目进展。

（3）可操作性评估。ERP 软件的最终目的是让企业的广大职工都能够使用，所以可操作性是项目成功的另一项重要指标。企业的大多数使用者，尤其是一线的职工计算机水平都不会太高，如何确保每一位使用者都能够方便快捷地使用 ERP 软件是项目成功的重要条件。优秀的软件应该是只要熟悉业务的人就可以操作，所谓所见即所得。

（4）项目的延续性评估。企业依靠 ERP 发展的是长期项目，所以，项目是否能够伴随着企业的发展而持续得到应用是评估项目成败的另一项重要指标。随着管理理论和管理方法的不断发展，管理软件的升级至少要跟得上管理方法和计算方法的更新速度，否则就是落后的。

（三）ERP 系统实施规划

ERP 实施规划是确定企业实施信息化管理宗旨、目标以及实现的方法、步骤、具体项目的计划活动。在 ERP 实施中，企业高层领导起着决策和推动作用。企业高层领导必须转变旧的管理理念，支持并重视 ERP 的实施规划，考虑企业在信息化管理、决策管理、战略管理、成本管理、资金管理、技术管理、质量管理、营销管理和人才管理等方面的改进。ERP 系统的应用对企业未来的发展有着战略意义，对企业的发展起决定性的影响。对企业来说，实施 ERP 系统是一项庞大的工程，因此，需要在实施前做充分的研究和论证，做好整体规划，在实施 ERP 系统时，按照整体规划逐一实现。

1. ERP 系统实施规划内容

ERP 系统整体实施规划包含的内容较多，根据 ERP 系统实施的时间顺序将整体规划分为前期任务、目标规划、实施过程管理和实施后期管理四大部分。

（1）前期任务。在 ERP 系统实施规划的前期任务中，要对企业的现有资源做出评估，如企业原有的管理信息系统（或者是各部门使用的独立软件）能否按 ERP 系统的要求进行切换，企业的人力资源能否满足要求，企业的各层管理人员和业务人员的文化素质是否满足要求，或者是否在培训的基础上也不能较好地掌握计算机技能和操作 ERP 系统。对企业的财务情况做出评估，确定是否能够满足 ERP 系统实施过程中的财务需求，使企业的人力、财力、实施范围、需求与 ERP 软件供应商达成一致，确保对今后的 ERP 系统实施过程中产生的困难和阻力有良好的对策。

（2）目标规划。目标规划指企业在实施 ERP 系统中应达到的基本目标。企业在实施 ERP 过程中，应建立实施小组，并由实施小组来负责目标规划。

企业应制定 ERP 系统实施进度表。对于一个大型企业，ERP 系统实施时间在 1~2 年。由于周期较长，企业应制定相对详细的实施进度表，如在系统投入使用之前，企业的员工接受培训、ERP 系统软件选型、评估 ERP 系统、项目计划、业务流程与管理重组、系统配置及最后投入使用等。实施中应以灵活的策略为准则，既要以软件的模块为依据，又要以企业部门的重要性为主导。在制定实施进度表时，要充分考虑可能会遇到的困难及解决困难所需的时间。

（3）实施过程管理。ERP 系统实施是长期而又细致的工作。在实施过程中，企业根据自己的特点选择适当的实施方法，并依据企业的需求分析将整个大项目拆分成阶段性的小任务，体现整体规划、分步实施的原则。每个小阶段的需求和解决方案都应该用文字描述清楚。实施过程中要经常召开阶段性的会议，保持必要的信息沟通，注重实施文档的建立和保存。

（4）实施后期管理。实施方案在这一部分要详尽描述规划目标与实施工作安排的吻合程度，说明实施后所达到的效果。将需求分成三部分，首先是软件能够直接实现的，这部分应该占60%左右；其次是用户化，即需要用户适当进行流程修改来变通解决的，这部分一般占30%左右；再次是需要结合企业特殊情况和实际问题进行二次开发的，这部分最好不超过10%，否则实施周期会过长且不易控制。

2. 规划应注意的问题

企业为实施 ERP 系统，并保证实施的成功率，在规划阶段一般要注意以下五个问题：

（1）管理人员的观念更新。既然 ERP 系统是管理信息系统，实施过程要结合企业管理改造进行，通过实施一套先进的管理系统来改善管理，管理人员的观念更新是最重要的，包括企业的主管人员和中层领导。

（2）明确需求。现在拥有高端技术的软件开发公司研发的 ERP 系统之所以不能直接用于企业的管理，是因为每个企业在经营管理上有许多差异。ERP 系统在企业应用之前，必须根据企业的实际需求进行用户化和一定比例的二次开发。而且更重要的是，ERP 能够为企业的管理带来新的"革命"，即 ERP 系统的上线，在某些业务处理上会改变企业现有的流程（业务流程重组，BPR），所以企业的需求不是一成不变的，在 ERP 系统实施过程中会经常变化，是动态的。因此，实施小组应该经常开会讨论，明确企业的业务需求特点，使软件能够满足管理上的需求。

（3）精准的基础数据。企业在实施 ERP 系统的过程中，需要录入大量的基础数据，基础数据的管理是非常重要的。基础数据的整理和录入应首先考虑物料档案主数据、库存基础数据、财务基础数据、采购业务基础数据、固定资产档案、销售业务基础数据、生产管理数据、工艺路线及设备数据、供应商和客户档案、产品价格和采购报价、机构与人力资源、系统维护及其他相关基础数据等。在规划中，应明确基础数据的管理责任和方法。

（4）优化企业业务流程。大型企业的业务比较多，原始的生产管理较为复杂，ERP 系统上线以后，对原有的流程会产生较大的影响。企业在实施规划的过程中，应该充分考虑业务流程的优化和重组。但随着实施工作的进行，可能需要进行进一步的优化，包括战略管理、决策管理、成本管理、质量管理、销售管理等，因此在规划过程中应充分考虑。

（5）对 ERP 的实施与应用具备持久性认识及准备。一般来说，ERP 系统的实施时间为 1~2 年，在今后的应用过程中，还要对系统进行维护，系统的应用也可能会带来意想不到的问题，对这方面要有充分的认识。在实施规划的过程中，要注重培养自身员工，使其掌握 ERP 系统实施和维护过程中的业务操作，以便今后系统出现细小问题时能够独立解决。

（四）实施 ERP 的步骤

1. 实施 ERP 的前期步骤

（1）立项分析。立项分析是企业在准备应用 ERP 软件之前，第一步需要进行的步骤。其目的是定义项目目标，了解业务环境，在优化业务流程和结构的方法上达成共识。企业 ERP 软件立项分析的内容包括：①企业的销售与生产环境、竞争地位与影响竞争力的主要因素；②难题与可解决的问题；③企业对 ERP 软件功能的特殊要求，使用的时间；④ERP 软件的投资回报率或投资效益评估；⑤人员的素质如何等。立项分析过后，得出的结果需要写成需求分析和投资效益分析正式书面报告，根据企业生产经营目标制定 ERP 项目目标，并根据问题的轻重缓急确定项目实施方案。

ERP 的立项分析工作需要的报告是可行性分析报告。该报告包括：①需求分析报告。②投资效益分析报告。其中以需求分析为例进行简述。需求分析可分为：

1) 宏观需求分析。全球市场环境下的竞争需求决定企业是否需要上 ERP 软件。企业在对待是否上 ERP 软件，存在一个认识和时机的问题。宏观需求分析包括：分析企业目前的管理方式是否适应市场竞争的要求、理清企业的业务流程、分析企业的管理机制。

2) 微观需求分析。在宏观需求分析的基础上提交可行性报告后，如果结果指出具有市场竞争力、资源条件充分，这时就可以采用 ERP 软件，进行详细分析，这个阶段有：

第一，分析业务流程。目的是要找出那些不利于快速响应的环节，借助信息技术来加快物流和资金流的流速、加大流量。在分析现有业务流程的基础上，提出改进业务流程的解决方案和必要的条件，提出企业对 ERP 软件的"个性化"要求，作为选择软件和业务重组的依据。

第二，分析数据流程。国内的企业是由企业的各级领导提出所关心的数据指标或进行各类决策时需要的信息，由项目筹备小组根据其需求分析得出数据、信息和指标的数据流程，结合业务流程分析，找出响应迟钝、数据不准、信息不畅等问题的症结所在，进一步研究采用信息化以后的管理方案。

第三，分析 ERP 软件的功能。ERP 软件能够正确描述企业的产品结构和工艺流程；对财务成本和税务流程，在符合会计法、税法、财务通则、会计准则等国家法律的原则基础上，各个企业往往有一些特殊要求，这是一个普遍的事实，应当认真分析；软件应当能够适应企业业务流程的变化和组织机构的调整。

（2）软件选型。企业在充分的准备之后，要针对性地对当前市场上出现的复杂的 ERP 产品进行选择。在 ERP 选型中，根据一定的规则步骤，详细地了解 ERP 产品的功能状况，进行一个有效的选择。

ERP 软件与用户需求密切相关，决定着信息系统的成败，涉及企业管理的各个方面，需要相当长的实施周期。因此，应该把 ERP 成本高利润率低作为企业信息系统选型的重点来抓。企业选择 ERP 产品和厂商时，会考虑供应商品牌、行业背景、系统功能与性能质量、价格、实施服务。完善的实施规范是实施服务质量的重要保障，包括系统提供的软件操作说明书、实施指导书、实施方案的文档资料，以及现场的项目管理机制和成熟的标准化的实施方法。ERP厂商服务包括的内容：①技术力量支持。优秀的ERP软件公司可向用户提供技术转移服务，使用户能够真正地全部拥有自己所购买的软件，并掌握二次开发和维护的技术和能力。②文档。软件商能提供的书面资料，包括产品使用指南、用户手册、培训教材、教学演示光盘、帮助文本等。③系统维护支持与售后服务。为用户提供长期的软件维护服务，提供长期的技术支持和升级更新的软件产品服务等。ERP的售后服务是实施服务的后续工作。其售后服务应该提供电话、邮件咨询服务、远程服务、软件版本升级、技术交流会以及必要的现场服务等。

（3）实施的ERP培训。在整个ERP实施过程中培训工作是持续的。培训不仅是一种面向业务的培训，也是一种面向软件的培训，结合ERP软件的实施进行。

（1）培训对象与内容。培训对象决定培训的内容。ERP培训从内容和角度上，对不同的对象培训内容分别是：

1）面向领导层的培训。培训开始时间为在项目启动后一周内，可以举办对企业高层领导及今后ERP项目组人员进行应用理念培训，通过培训让企业领导对企业管理信息化，对ERP有充分而准确的理解，使高层领导们认识到ERP项目的实施将会推动企业管理观念的更新、促进企业经营机制的转换，从而大大提高企业管理的水平，促进现代企业制度的建立。

2）面向项目实施小组的培训。面向企业项目核心小组、职能小组、IT组成员可以在项目大多已经启动2~3个月后进行模块培训，根据培训模块数目的多少，这个培训需要1~30天。重在传播"在各个模块中ERP的实现思想""ERP各个模块能做什么事情，不能做什么事情"。

3）面向部门业务人员的培训。面向业务骨干和操作人员可以在ERP详细解决方案确认之后进行，紧密结合企业实际，面向企业各个应用节点的操作人员，即ERP的用户进行长期的基本操作培训。包括项目管理的培训、实施方法的培训、ERP软件功能的培训。

4）面向系统员和程序员的培训。计算机专业技术人员对系统和硬件的配置和维护，是培训的主要内容。有二次开发任务时，还要培训编程技术。

（2）培训途径：定义培训目标、确定培训内容、计划、具体培训、评估学习者、总结培训效果。根据六阶段法，可以确定每一类培训对象的不同培训目标、不同培训内容、不同培训课程。

（3）培训形式。ERP教育和培训分为两种必要形式，即外部培训和内部培训。企业各部门的负责人特别是项目组成员在项目实施过程中起着非常重要的作用，而且负有教育、培训企业其他员工的责任，非常有必要到外面去参加专门课程的学习。这样的外部培训应该来自不同制造行业、不同企业、担任不同职务的人们一起学习、相互讨论，这样更容易摆脱狭小观点。

在 ERP 的实施过程中，企业的广大员工都应接受关于 ERP 的教育，但并不是全部。因此，企业内部的教育也是必要的。内部教育有两个作用：一是继续造就专家队伍，强化这些人对 ERP 的理解和认识，进一步明确自身在 ERP 实施过程中的职责；二是教育企业的广大员工。内部教育包括原理、概念和技术的介绍，应用方法的研究以及软件系统的培训。

2. 实施 ERP 的准备阶段

（1）静态数据准备阶段

1）成立三级项目组织。三级项目组织是指项目领导小组、项目实施小组和项目业务/专题小组。其中，项目领导小组通常以企业的负责人为组长，由与 ERP 软件有关系的副厂长级领导、实施小组组长组成。项目实施小组是 ERP 项目实施的常务机构，通常以企业的首席信息官或总工程师担任组长，由企业的业务部门主管、业务骨干、计算机系统维护人员、IT 公司的领导及技术骨干和从研究机构或高校聘请的 ERP 专家等构成。

2）数据准备。在运行 ERP 软件之前，要准备和录入基础数据，进行大量分析研究的工作。

3）系统安装调试。在人员、基础数据已经准备好的基础上，就可以将系统安装到企业中，并进行一系列的调试活动。

（2）动态数据准备阶段

1）原型模拟的工作：软件原型测试；对比判断；系统设计。

2）实战模拟。在基本掌握软件功能的基础上，选择代表产品，将必要的数据录入系统，带着企业日常工作中经常遇到的问题，组织项目小组进行实战性模拟，提出解决方案。所有最终用户必须在工作岗位上使用终端或客户机操作，处于真正应用状态，而不是集中于机房。如果手工管理与系统还有短时并行，可作为一种应用模拟看待，但时间不宜过长。

3）制定工作准则与工作规程。经过测试和模拟运行之后，针对实施中出现的问题，项目小组会提出一些相应的解决方案，在这个阶段就要将与之对应的工作准则与工作规程初步制定出来，并在以后的实践中不断完善。

4）验收。在完成必要的用户化的工作、进入现场运行之前还需要经过企业最高领导的审批和验收通过，以确保 ERP 的实施质量。

5）切换运行；技术支持。

3. 实施 ERP 的优化阶段

由于市场竞争形势的发展，将会不断有新的需求提出，再加之系统的更新换代，计算机技术的进步都会对原有系统构成新的挑战，所以，无论如何，都必须在巩固的基础上，通过自我业绩评价，制定下一目标，再进行改进，不断地巩固和提高。

在整个实施流程中，员工是系统的真正使用者，只有对相关的 ERP 软件产品及所要求的硬件环境有了一定的了解，才能够保证系统最终的顺利实施和应用。

（五）实施 ERP 的方法——ASAP 优化

作为一套完整的快速实施方法，ASAP 优化在实施过程中对时间、质量和资源的有效使用等方面的控制。包括：

（1）ASAP 路线图。这个路线起项目向导的作用，用来确定步骤，明确转折点，并且通常用来设定整个项目的进度，使得可以使用最优的预算和资源，快速高质地生成一个新系统。ASAP 在实施 ERM 的整个过程中逐步指导。路线图共分为五个阶段：

1）项目准备。这个阶段是建立项目组织，确定系统实施的目的和目标，准备策略和项目草拟方案，还要确定项目的基本构造。

2）企业蓝图。企业蓝图界面处理需求的归档和最终确定。小组成员和顾问在不同的活动领域进行会谈，并召开项目讨论会，以获得各业务流程的确切要求。最后输出结果是企业蓝图文档，详细说明了设计后的流程，包括公司的结构和业务流程的文本和图形说明文件。一旦确定和验证了所有这些信息之后，蓝图就可以作为后续阶段的基础。

3）实现过程。实现的目标就是使用 IMG 并给予企业蓝图文档来配置基准线系统。运行系统就是在基准线系统的基础上进一步发展起来的。基准线系统根据这些高级用户的确认进行调整，采用的是循环方法。技术小组负责建立系统的管理和计划界面，并负责系统数据的传输。此外，还需要定义交互界面、转换程序、系统升级、报表生成、最终用户文档、测试程序以及用户安全性描述等，并且测试其有效性。最后交付使用的是一个配置完全，测试过的 SAP 系统，满足公司的需求。

4）最终准备 SAP。这个阶段强化之前所有阶段的活动，发现并解决所有异常情况和配置的错误。SAP 小组成员管理的超级用户负责进行最终用户的培训。此外，还要检查所有的程序切换和交互界面，进行容量测试和压力测试，并测试用户的接受程度，最后向新系统中导入数据。

5）实际运行和支持。该阶段处理系统投入运行的一些事务，涉及解决每日操作问题，包括最终用户提出的一些问题和与安全相关的问题。系统要求实时监控，以尽可能达到最优化。这一阶段还包括要准确检查重要节点。新系统业务方面的优势可以通过查看项目的投资回报率（ROI）来进行测量，这个回报率可能会触发执行周期的重复进行以达到改善业务流程的目的。最后项目的实施过程正常结束。

（2）SAP工具包。工具包是指ASAP中用到的所有工具，包括：ERP业务工程；一些其他软件产品；ASAP的"估算师"工具使用户能精确测算实施中所需的资源、成本和时间；ASAP的"实施助理"是一个"如何做"的指导书，可以伴随用户走过实施中的每一个阶段，包括调查表和项目计划。ASAP还充分发挥ERP企业设计的强大配置能力。在这个似乎无限大的工具箱里有建模、实施、改进和建立技术文件等工具，利用公认的企业模型和行业模板将有效地加速对企业的实施。

（3）SAP技术支持和服务。SAP的技术支持和服务网络对用户在实施和使用过程中可能出现的问题进行解答。培训用户，使其得到从项目开始到成功实施及其后续方面的支持、服务。

（六）ERP实施中各种角色

（1）软件供应商。供应商不仅需要投入大量的时间和精力研发软件，创建能够解决某些特定商业运作环节的系统，还要根据公司开发ERP软件包过程的深入优化，因为从具体实施中获得的经验、使用者的反馈、进入新市场的要求以及竞争力等因素强迫ERP供应商对产品精益求精，并尽力扩展其功能使系统更高效、容易实施和使用，并且随着最新技术的引入，不断升级自身现有产品。

（2）实施顾问。商业顾问作为经营管理的专家，有过在不同行业实施不同ERP项目的经验。善于开发技术和项目实施的方法，能够有效地处理实施过程中出现的问题。顾问需要对项目实施的各个阶段负责，确保运作在规定的时间里按要求、按质量完成，并使工作人员真正高度有效地参与。顾问必须对工作的大环境和可发展空间有高度的了解，清楚什么时候应该向公司管理层预警以保证不危及项目的实施；顾问还要留下技术文献资料，因为项目实施完后，顾问将会离开，然而他们的知识还要留在公司里面，因此顾问要培训足够的公司员工使项目能够继续开展下去。

（3）企业最终用户。企业最终用户在 ERP 项目的落实后，需要面临从旧系统到新系统的转变，这是 ERP 实施的一个主要的障碍。因为转变使工作性质产生大的跳跃，同时人们就会产生疑虑。但是 ERP 在取消许多既有的工作职位的同时又开辟许多新的附带有更多的责任和价值的工作。所以，企业需要帮助员工清楚地认识到这一点，并帮助完成这次转变。

（七）实施 ERP 的战略优势

（1）企业实施技术先进的 ERP 系统的原因。企业的高层管理人员可以通过 ERP 系统中的决策支持智能系统，全面了解和掌握企业的经营状况，准确地分析和制定企业的发展方向，有效地控制和降低企业的运作成本；IT 技术确实已经是一种能剧烈变革组织机构、客户服务和内外交流的主要力量。企业如果成功实施了 ERP 就会大大加强企业的竞争优势，使企业的组织结构扁平、信息沟通合理；企业的中层管理者可以通过 ERP 系统安排好相应的采购计划、生产计划、销售计划和资金计划；企业的基层管理者可以通过 ERP 系统操作下达日常的工作指令。

（2）企业战略的类型。实施 ERP 与企业的战略相吻合则易成功，如果不能吻合，一般都要失败。企业实施 ERP 系统需要有助于加强企业的战略优势，否则就会失败，并且企业的战略规划能力和战略执行能力是企业实施 ERP 系统成功的关键因素之一。

1）总成本领先战略。总成本领先战略是指依靠较低的成本来获得竞争优势。实施总成本领先战略的企业一般具有较大的市场份额和一定的资源优势。如在石化行业，所有的大企业都已经采用 EDI 进行数据交换，共享信息，这已经成为一个事实上的通用标准。如果不安装 ERP 系统，企业就不能在这个行业立足。

2）差异化战略。差异化战略是指依靠产品的质量、性能、品牌、外观、用户服务等方面来获得竞争优势。这种战略要求本企业的产品或服务要具有特色，对特定的顾客具有强大的吸引力，而使顾客对价格不甚敏感，甚至愿出较高的价格来购买本企业的产品。实行差异化战略的公司关键是看 ERP 系统是支持这种差异化，还是它的统一性削弱这种差异性。如果公司的竞争优势来源于产品的独特性等，实施了 ERP 系统就不会对这种差异性产生任何损害，但在大多数的现实生活中，服务的独特性是最普遍的，在这种情况下，就要好好考虑一下实施 ERP 系统的得失。

（八）在企业流程管理的基础上实施 ERP

（1）实施 ERP 应关注流程。大多数国内企业管理软件方案供应商只是提供纯技术方案，并不熟知企业业务流程设计和管理，不能帮助企业建立流程管理制度。由于不懂流程设计和管理方法，实施 ERP 的成功率很低，因此无法从企业分离。中国的企业管理软件方案供应商要想提高自己的服务能力，必须掌握"流程设计和管理"知识，由一个纯技术方案供应商转型为管理方案供应商。

因为流程管理是企业管理的基石，ERP 是应用信息技术的信息流程，本身就是企业流程管理的组成部分。因此，企业实施 ERP 关注的焦点是流程而不是软件技术。

（2）企业流程管理的本质。流程是一组将输入转化为输出的相互关联或相互作用的活动。企业流程是为满足顾客的需求和实现企业自身目标，在企业的逻辑思维模式指导和现有的资源条件下实现产品或服务的一系列活动的实际过程。企业运行于流程之中，企业所有的经营管理及业务活动都表现为各种流程，这些流程最终输出的是企业交付给顾客的产品或服务。企业流程管理最终决定企业价值和目标的实现，决定企业资源配置的绩效，决定企业的实际收益。

ERP 必须与企业的流程管理现状相适应，有利于企业流程管理的提高。因此，ERP 等软件不能与流程管理分离。

（九）实施 ERP 将理念数据化

ERP 是以准确的数字和依据标准化、规范化来操作的，是立足于科学办事的基础之上的，实施是要有一定的周期的。其实施周期必须服从工程质量，而工程质量绝不能服从工期，必须按规律办事，必须按程序、规范，一步一步地向前推进。

1. 数据的准确性与真实性是 ERP 项目实施的保障

ERP 项目工程实施的质量，最关键的是数据的准确性、真实性。ERP 运行的基础数据来自企业。企业要采用先进的数据库，真实、可靠的基础数据，才能运算出科学的结果。

（1）获得企业真实准确的基础数据。从真正理解 ERP 项目开始，高度重视，让企业把认识及实施 ERP 的过程，引申到企业内部改革、强化管理、提高企业管理水平的过程，借此进行管理创新、制度创新，把过去想办未能办到的事得以整改、得以实施。主要领导亲自体会到重要才能亲自督办，才能自上而下地解决好。

（2）建立完善方案。要对企业资源，供应商和客户关系及企业的业务、财务、后勤、仓库、人力资源等进行彻底清理，有一个周密、精密的摸底计划（方案）以及实施的步骤、方法。对已暴露的问题认真地进行梳理、整理，找出原因，查清问题出在哪个环节，其根源是人为的，还是制度的缺陷，抑或是流程上的问题，以便为企业完善制度及企业业务流程重组奠定基础，使管理科学、透明、公开，更好地调动人的积极性。

2. 在实施中强化标准化管理工作确保质量

在实施中强化标准化管理工作确保 ERP 工程实施的质量。在信息化管理中，标准化是为适应信息化管理的要求，把管理的各种信息用一定标准的形式来进行管理。信息标准化是 ERP 建设的基础工作，是实现信息共享、数据交换、数据库设计、应用软件设计和系统建设的保证。

二、ERP 扩展探究

（一）供应链管理及其主要实现技术

1. 供应链认知

（1）供应链。有关供应链的概念有三种阐述：其一是在生产流通过程中，涉及将产品或服务提供给最终用户活动的上游与下游企业所形成的网络链结构；其二是供应链涵盖了从供应商到消费者，自生产至制成品交货的各种工作努力。这些工作努力可以用计划、寻找资源、制造、交货和退货五种基本流程来表述；其三是供应链是自原材料供应直至最终产品消费，联系跨越供应商与用户的整个流程。供应链涵盖企业内部和外部的各项功能，这些功能形成了向消费者提供产品或服务的价值链。

（2）供应链的特征。供应链的特征包括：①供应链是一个复杂网络系统；②供应链上的供需匹配是一个持续的难题；③供应链系统是一个动态变化系统；④供应链上不断出现新的人们所不熟悉的课题。

（3）供应链的类别。按供应链功能分类，可分为：①有效供应链和反应供应链；②生产推动型和需求拉动型供应链。按供应链产品分类，可分为：①功能性商品和创新性产品；②消费品供应链和生产物品供应链。

2. 供应链管理技术

供应链管理是对供应商、制造商、分销商、零售商、客户所构成网络中的物流、信息流、资金流进行管理、计划和协调，使所有活动构成一个无缝的过程。

现代供应链管理是一种集成的管理思想和方法，它把供应链上的各个企业连接起来，使他们分担的采购、生产和销售等各项职能协调发展，使整个供应链成为一个有机整体。

供应链中的主要活动有订单处理、原材料和在制品存储、生产计划、作业排序、货物运输、产品库存、顾客服务。

供应链管理的目标在于提高用户服务水平并降低总的交易成本，而不仅是物料实体在供应链中的流动。它注重总的物流成本与用户服务水平之间的关系，最大限度地发挥供应链整体的力量，达到供应链企业群体获益的目的。

所谓"长鞭效应"，是指信息在供应链系统进行传递的过程中发生的扭曲、放大现象以及随着错误信息的传递与使用产生的库存过剩、订单延迟、计划变化频繁等一系列后果。

"长鞭效应"是供应链系统中从零售商到供应商的每个节点企业自身理性行为的结果。他们都希望自己在整个供应链中做得"最好"，即保证用户的需求得到最好的满足，并确保意外发生时也能够应对自如。这种个体理性行为却引起了"长鞭效应"。主要原因可以归结为四点，即需求预测变化、订单批量、价格变动、配给与短缺博弈。消除"长鞭效应"是供应链管理需要解决的一个问题。

3. 供应链激励技术

"委托—代理"关系是企业间供应链关系的一种。这种代理关系中存在多种风险。由于建立"委托—代理"关系后，委托人无法观察到代理人的某些特有信息，特别是关于代理人努力程度的信息，在这种情况下，代理人可能会利用其私有信息采取某些损害委托人利益的行为。为了减少风险带来的危害，以合作和分担风险为中心的供应链激励理论得到了发展。供应链管理工作的程序化、标准化和规范化为供应链绩效评估和激励的实施提供了基本依据和平台。

在供应链环境下，企业以期货形式在供应链网上发布和接受订单，寻求供应商和销售商。这种机制可以保持企业的主动性，并将不适应的企业从供应链中淘汰出去。供应链管理模式下的激励主体和客体涉及五种：①核心企业对成员企业的激励，②制造商对供应商的激励；③制造商对销售商的激励；④供应链对成员企业的激励；⑤成员企业对供应链的激励。

供应链管理模式下的激励手段有四种：①价格激励。将供应链在所有企业间的分配、供应链优化而产生的额外收益或损失在所有企业间均衡。②订单激励。多个供应商竞争来自制造商的订单。③商誉激励。供应链中其他企业的评价和在公众中的声誉。④淘汰激励。根据供应链要求企业承担的责任和义务，建立企业淘汰机制。⑤组织激励。减少供应商的基数，并与主要的供应商和经销商保持长期的合作关系。

4. 供应链绩效评估技术

为使供应链能够健康地发展，供应链绩效评估应能恰当地反映供应链整体运营状况，以及上下游节点企业之间的关系，而不是孤立地评价某一企业的运营情况。评估供应链的指标包括定性及定量两种。四种常用的定性指标有顾客满意度、弹性、信息流和物流的整合、供应商绩效。而定量的供应链绩效指标可分为面向成本的指标和面向客户的指标。面向成本的指标有成本最小化、销售最大化、库存投资最小化、过期存货量最小化等。面向客户的指标有订单完成率最大化、目标完成率最大化、客户响应时间最小化、制造周期最小化、缺货率最小化等。

5. ERP 向供应链管理的相关扩展

（1）生产计划功能。生产计划不局限于企业内部，而是把供应链内的供应商等外部资源也都看作受控对象集成进来，根据供应链系统内部所有企业的资源与能力进行计划平衡，并将时间作为一种重要的要素加以管理。这种新型的计划模式称为同步化供应链企业计划，它涉及供应链内部各个层次的集成。

（2）库存管理功能。以系统、集成的管理思想进行库存管理，使供应链系统能够进行同步化的运作。这种管理称为供应链管理的库存。信息特别是订单信息在供应链系统中是共享的，供应商、批发商使用同样的系统处理方式，同样的信息模式，以保证库存状态的全局透明性，减少需求的不真实程度，从而降低整体库存量。

（3）支持企业业务流程重组与高效的消费者反应。

（二）电子商务及其主要实现技术

1. 电子商务认知

ERP 与电子商务的结合是必然趋势。但是电子商务的定义，不同的研究人员、实践人员有不同的解释。一般来说，人们利用电子网络进行的商务活动统称为电子商务。目前，人们趋向于认为电子商务是基于互联网的商务活动。

各国政府、学者、企业界人士都根据自己所处的地位和对电子商务的参与程度，给出许多表述不同的定义。如：

（1）电子商务（Electronic Commerce）是指对整个贸易活动实现电子化。从涵盖范围方面可以定义为：交易各方以电子交易方式而不是通过当面交换或直接面谈方式进行的任何形式的商业交易。

（2）电子商务是通过电子方式进行的商务活动。通过电子方式处理和传递数据。它涉及货物电子贸易和服务、在线数据传递、电子资金划拨、电子证券交易、电子货运单证、商业拍卖、合作设计和工程、在线资料、公共产品获得等活动。它包括产品（如消费品、专门设备）和服务（如信息服务、金融和法律服务）、传统活动（如健身、体育）和新型活动（如虚拟购物、虚拟训练）。

2. 电子商务主要技术

（1）电子商务系统的信息安全。与传统商务相比，电子商务是以网络为媒介，交易双方用非面对面形式进行的交易。由于网络既不安全，也不可信，因此建立交易双方的安全和信任关系远难于传统商务。电子商务的交易双方都面临安全威胁，这些威胁主要体现在信息泄露、信息篡改、身份识别、网络部件的不安全因素、软件的不安全因素、工作人员的不安全因素、环境的不安全因素等方面，其中最为严重的威胁是来自于信息方面。信息安全关注的主要对象是信息系统的安全，如计算机软硬件的正常工作，网络设备的安全，网络的通畅，计算机存储数据的完整性、保密性等。

（2）电子商务支付。电子商务活动可以分为两大类：支付型业务和非支付型业务。支付型业务包括各种网上银行的代缴代付与转账、电子证券、网上购物等活动。非支付型业务包括税务申报、证书发放、在线报表、安全政务等活动。

电子支付是以金融电子化网络为基础，以商用电子化机具和各类交易卡为媒介，以计算机技术和通信技术为手段，以电子数据形式存储在银行的计算机系统中，通过计算机网络系统以电子信息传递形式实现流通和支付。电子支付过程中主要涉及的机构是网上银行，主要媒介有电子货币、电子现金与电子钱包等。

网上银行（E-bank）是完全依赖于Internet发展起来的全新的电子银行，几乎所有银行业务交易都通过互联网进行。

电子货币（E-currency）是用一定金额的现金或存款从发行者处兑换并获得代表相同金额的数据，通过使用某些电子化方法直接转移给支付对象，从而能够清偿债务。

电子现金（E-cash）是以数据形式流通的货币，它把现金数值转换成一系列的加密序列数，通过这些序列数来表示现实中各种金额的币值。

电子钱包（E-wallet）是一个可以由持卡人用来进行安全电子交易和储存交易记录的软件，消费者常用网上交易的一种支付工具，是在小额购物或购买小商品时常用的新式钱包。

（3）可扩展标记语言XML。与HTML类似，可扩展标记语言XML提供一种标记内容的方式，可以添加关于数据用途的信息。XML实质上是一种表示并存储数据的方式。XML允许定义数量不限的标记来描述文档中的资料，允许嵌套的信息结构，着重描述的是Web页面的内容，并且提供一个直接处理Web数据的通用方法。

第五章 基于数据驱动的企业信息化管理新模式

第一节 基于数据驱动的商业模式创新过程探析

一、大数据驱动下的商业模式创新研究进展

国外有关研究主要集中在大数据驱动对企业绩效的积极影响，以及数据驱动的商业模式的特征、构成要素等方面。迈克菲（Mcafee）和布莱恩杰尔夫森（Brynjolfsson）（2012）发现，使用大数据驱动决策的公司在财务和运营结果的客观指标上表现更加突出。沃勒（Waller）等（2013）认为，大数据时代企业成功的关键因素在于将数据作为资产，通过使用大数据从数据资源中提取有价值的信息，从而改变业务策略和商业模式，并在业务流程中做出更好的决策。哈特曼（Hartmann）等（2016）从静态视角开发了由六个关键维度组成的数据驱动的商业模式（DDBM）框架，包括关键资源、关键活动、价值主张、客户细分、收益模式和成本结构。

国内的研究聚焦于大数据驱动的商业模式创新的驱动机理。李文莲和夏健明（2013）从行业、产业链和企业三个层面分析了大数据对商业模式创新的驱动机理。李文博（2016）从数据时代特征、主体反应行为、行为属性认知和生态系统情境四个方面提炼了商业模式创新的驱动因子，揭示了大数据时代商业模式创新的驱动机理。李立辉和王爽英（2017）分析了大数据风险类型的构成，并针对大数据风险对商业模式创新的影响机理进行了模型构建和理论分析。

由此可见，先前的研究从静态视角概括出数据驱动的商业模式价值创造的活动机制，但无法描述大数据驱动的商业模式创新的具体过程。因此，本节的研究问题是企业如何运用大数据来驱动商业模式创新，从而获取竞争优势。

二、大数据驱动下的商业模式创新的内在机理

商业模式描述了一个公司如何经营它的业务，利用内部资源和外部网络开发提供产品和服务，以创造和获取价值。大数据不仅促使企业的关键资源、价值主张、关键活动等商业模式的组成要素发生变化，也改变了原有商业模式的价值创造核心逻辑。

（1）大数据作为关键资源驱动企业的商业模式创新。企业的资源基础观（RBV）认为，企业有形和无形资源之间的相互作用形成了一个独特的资源池，关键资源的稀缺性和异质性决定了公司的主要竞争优势。大数据是新的经济资源形式，可以刺激企业的商业模式创新，改变生产者和消费者之间的关系；大数据作为当今市场上一种新的异质性较高的资源形式，是企业进行商业模式创新的关键资源。尽管资源具有稀缺性，但信息资源是无限的，大数据作为一种信息资产，可以通过创新的、具有成本效益的处理方法来进行洞察和决策。企业可以通过分析和处理大数据获得更多信息和知识资源，实现数据、信息与知识资源在企业创新生态系统中转移和交易，从而促进企业商业模式的创新。

（2）大数据颠覆企业传统商业模式的价值主张。大数据技术颠覆了传统的价值主张，为客户提供同质化产品的企业已经无法在竞争中获取优势。企业需要对大数据分析和预测，从大数据中挖掘出更有价值的信息，以客户个性化需求为中心，将实现客户价值主张作为核心目标。通过个性化定制和柔性生产，实现企业和客户全方位信息交互，促使企业的价值主张按客户个性化需求转型，改变了价值创造的核心逻辑，从而颠覆原有商业模式系统，实现商业模式创新。虽然大数据处理会产生很多有价值的信息，但由于虚假信息的存在，在数据驱动的商业模式价值主张生成之前，必须对数据进行筛选、分析和评估，保证数据的完整性、真实性和可靠性，从而保证大数据预测消费者个性化需求的准确性。

（3）大数据驱动企业商业模式的关键活动。流程不断改进数据的指数迭代和大数据相关技术的开发，信息的分析能力也在增强，企业利用大数据技术持续优化和完善设计、生产、物流、服务等关键业务流程，提高了组织效率和产品服务质量。企业依赖数据分析做出决策，利用大数据促进关键业务流程不断改进，从而实现商业模式的创新。例如，生产商通过传感器和实时监控系统收集世界各地的智能工厂生产数据和设备信息，通过大数据对生产制造环节中的数据进行提取、存储和智能化分析，使生产组织能够动态估计、分析和预测设备的不可见状态，有效避免了传统生产过程中设备故障后延迟修理造成的损失。此外，航空服务业通过减少人工干预和优化信息流，利用大数据技术进行流程再设计提高了业务流程效率。

（4）大数据改变企业原有商业模式的价值创造逻辑。大数据使企业间信息实时生成并通过外部网络传递，打破了时间顺序的"上下游"关系，创新生态系统中的各企业利用流向自己的信息流进行同步生产，消除信息延迟与传递误差所引起的"牛鞭效应"。大数据改变了企业原有的价值创造方式，大数据的应用使应用软件、智能终端、计算机技术成为价值创造的中间产品，由于复制成本几乎没有，因而能够在供应商、最终产品制造商与消费者之间实现价值共创。在价值共创过程中，核心企业依托大数据成为创新生态系统的协调者和领导者，连接新的供应商和消费者参与，以合作竞争的方式使分工高度模块化，促进创新生态系统的互惠共生与有序发展，从而改变价值创造的核心逻辑，促进商业模式的协同式创新。

三、大数据驱动下的商业模式创新过程

商业模式创新就是从一个稳定状态到另一个更高级的稳定状态的升级演变过程。下面借鉴布赫雷尔（Bucherer）等（2012）的研究，把大数据驱动的商业模式创新划分为分析、设计、实施和控制四个阶段，从组织、数据和创新生态系统三个层次分析苏宁易购利用大数据研发新型炊具罩的案例。

（1）分析阶段。开发新的商业模式前需要对当前组织的商业模式进行分析，通过收集、处理和分析相关数据来识别和评估机会。为评估市场需求，企业需要收集大量数据并进行分析，预测市场需求，最终将信息转为洞察力。在组织层面，企业收集、存储、处理和分析内外部数据，对基础设施资源进行大量投资，融合线上线下平台，对技术平台和数据架构进行战略调整，以可扩展和可持续的方式支持商业模式系统重构。创新生态系统层面包括收集企业经营所处的社会、技术、经济或政治环境的变化信息，以识别可行的商业机会。

（2）设计阶段。设计阶段中公司应用大数据价值链开发新的商业模式，用各种替代的解决方案进行可行性分析。苏宁易购的产品团队具备了来自大数据分析的初步洞察力之后，进一步验证他们对用户需求问题的假设，并提出相应的价值主张。在数据层面，通过数据挖掘获得用户行为偏好的分析报告，在这个环节特别关注对数据源可用性和质量的评价。在组织层面，随着从客户群体中获取数据的增多，可以定位目标用户，洞察机会并提出相应价值主张。在创新生态系统层面，产品团队评估了数据驱动的商业模式的哪些任务可能由外部合作伙伴执行，从而从外部网络中获取进行商业模式创新的互补资源实现协同创新。

（3）实施阶段。实施阶段关注于数据驱动的商业模式原型的测试和试验，主要是应用大数据风险评估进行商业模式的不断测试，并形成了统一的方案。通过使用大数据评估技术，企业可以从数据资源中提取价值信息并评估数据信息的风险，从而为改变业务策略和商业模式做出更好的决策。

（4）控制阶段。控制阶段商业模式统一方案的变更测试和适应，使商业模式创新得以成功实现。炊具罩是一种源于利用消费者数据的产品创新，从传统的以制造商为主导的大规模生产模式转变为以用户为中心的创新模式。在数据层面，主要是利用数据建模和仿真预测使数据可操作化来不断完善商业模式创新。在创新生态系统层面，主要包含对内部变革和外部网络参与者的监督，依据消费者需求信息与网络参与者协同创新等，控制创新生态系统的有序发展，提高创新生态系统的稳定性。

综上所述，大数据驱动的商业模式创新是一个动态复杂的过程，需要对组织内部人力和智力资本广泛的前期投资以及企业创新生态系统的协同配合。为了更好地实现大数据驱动的商业模式创新，大数据收集、处理和分析的功能被外包给拥有管理大数据项目的基础设施、规模和经验的大数据咨询公司。

第二节　基于数据驱动的企业信息化管理转型

以 iPhone 为代表的消费 IT 时代的到来，带动企业信息化转型和提升，推动企业信息化由流程驱动为核心的企业 IT1.0 阶段，进入以数据驱动为核心的企业 IT2.0 时代。数据是企业 IT2.0 的核心要素，不仅是战略资产，更是生产要素，数据驱动成为企业 IT2.0 的典型特征。随着人类认知能力的不断提高，网络画像从消费者行为描述而引发的营销革命，扩展到工业产品研发设计、生产管理和市场服务等全业务流程。

一、企业信息化进入数据驱动的 2.0 时代

企业信息化包括办公自动化、业务流程信息化、研发设计、生产管理和营销服务信息化等方方面面，不同行业、不同企业也有了显著差异。以制造业为例，信息化通常包含研发设计数字化、装备制造数字化、生产过程自动化和管理信息化四类。企业信息化可以概括为两类：管理流程数字化、生产和产品数字化。

管理流程数字化是企业信息化的 IT1.0 阶段，简称企业 IT1.0，核心是（管理）流程驱

动。生产和产品数字化是企业信息化的 IT2.0 阶段，简称"企业 IT2.0"，企业 IT2.0 的核心是数据驱动，数据不仅是企业的战略资产，更是一种关键的生产要素。

管理流程数字化：主要指企业人财物产供销等经营管理流程的数字化，典型的管理流程数字化系统有办公自动化（OA）、企业资源管理（ERP）、供应链管理（SCM）、客户关系管理（CRM）、人力资源管理（HR）等，也有电信业务运营支撑系统（BOSS）、医院信息管理系统（HIS）等行业专用管理系统。1997 年倡导的电子商务（E-business）的核心是管理流程数字化。企业 IT1.0 时代，IT 通过数字化手段来提高管理效率，有限度地提高生产效率，ERP 的使用使管理者对生产、库存了然于心，财务管理软件的使用大大提高了财务人员的工作效率。企业 IT1.0 时代，IT 表现为管理的数字化和 IT 的资产化，如企业内外网系统、数据中心、OA 系统、财务系统、ERP 系统建设如何，服务器、交换机、操作系统、数据库等硬软件产品的购买多少，等等。企业 IT1.0 为企业建设较为完备的信息化基础设施。

目前国外企业的管理流程数字化已基本完备，欧盟超过 70% 的企业已经应用 ERP 系统。国内企业也初步具备，例如北京市工业企业应用财务软件的比例超过 90%。

生产和产品数字化：通过把 IT 软硬件与工业系统或工业产品进行紧密耦合，来提高系统的自动化程度和智能化水平，如数控机床、电喷发动机、自动化生产线、无人驾驶汽车等。

企业 IT2.0 时代，通过比特与原子的融合，工业产品成为高度数字化、网络化、智能化的产品，也就是所谓的软件定义世界（SDX），不仅仅是 IT 产品，如加了操作系统的路由器、更加富有业务弹性的软件定义网络（SDN）等，更包括传统的工业产品，如耐克的鞋子、谷歌的眼镜、特斯拉的汽车、谷歌的无人驾驶汽车等。产品数字化之后，产品从设计、生产、运营到服务全生命周期均可得以量化，并向生产者和使用者反馈大量的数据，进而对产品和使用者提供更好的服务、优化和再设计，形成反馈经济，衍生出制造业服务等新业态和新模式。

企业 IT2.0 刚刚开始。以产品数字化来衡量，目前，全球领先的"德国制造"的机械设备产品大致一半以上都应用了微电子控制，而十几年前这个比例还不到 5%。企业 IT1.0 和企业 IT2.0 并没有明显的界限。企业 IT1.0 时代，生产和产品的数字化也在不断发育中，如啤酒自动灌装生产线、电控发动机等，IT2.0 时代，企业 IT1.0 也有了新的内涵和外延，如银行根据企业交易数据向企业提供供应链金融服务；餐饮企业根据日常客户餐饮行为，探寻顾客口味变化、创新菜品；等等。相对而言，生产和产品数字化的发展相对管理流程数字化要慢得多；企业一年之内可以上线 ERP 系统，但汽车用电喷发动机研发到产业化，需要经过几十年的历程。

二、消费 IT 浪潮和工业互联网加速了企业 IT2.0 进程

消费 IT 推动了企业信息化转型。iPhone 全面开启消费 IT 时代。互联网推动 IT 由企业进入更加广泛的普通消费者领域，信息门户、游戏娱乐、网购使 IT 有了更加广阔的市场空间。2007 年诞生的 iPhone，推动 IT 由企业 IT 全面向消费 IT 迈进，Andriod 的出现更加快了消费 IT 时代的全面来临的步伐。

消费 IT 引领 IT 潮流。消费 IT 浪潮下，企业 IT 被迫顺应消费 IT 潮流；企业 IT 呈现移动化、服务化和社交化趋势。这就如同 PC 对于普通家庭消费者并不是一个很好用的 IT 产品，但在企业 IT 时代，消费用户只能无条件地被动接受。云计算这个天生为消费 IT 而生的技术，正从企业 IT 时代无法享受 IT 好处的小微企业逐步向大企业渗透，因为小微企业没有多少 IT 遗留系统的负担。天猫上的众多小微企业利用阿里云的聚石塔服务，在市场营销领域，比国内 500 强的大数据应用还要好。移动化、社交化等消费 IT 元素也在不断进入企业 IT 系统。企业对微博营销、微信营销等热情要远超于 2000 年前后的 ERP。

整体来看，企业 IT 的转型的方向是：计算架构的云计算化、应用环境的移动化、应用方式的 Apps 化、应用思想和管理理念的数据化、收费方式的服务化、沟通与交流的社交化、应用群体的中小微企业化。

如果把过去 20 年看作是消费互联网时代——互联网改变人们的生活（团购、网络社交、网络视频）、消费（电子商务、信息消费）习惯，未来几十年工业互联网将对人类生活带来更为深刻的变化。工业互联网可以简单理解为工业设备和产品的生产、管理、运营和服务的互联网化。无论是通用电气（GE）提出的工业互联网（Industrial Internet，田溯宁译为产业互联网），还是德国的第四次工业革命（Industry4.0），其实质都是原子和比特融合造就的信息物理系统（Cyber-Physical System，CPS）通过互联网实时传输的各种设备运行数据，实现人类对物理世界的更好的感知。

工业互联网将企业信息化领域从流程自动化扩展到更加广阔的生产自动化和产品数字化、网络化和服务化领域，企业 IT 投入规模也将由目前的刚过万亿美元，扩张至数万亿美元，乃至 10 万亿美元。工业互联网带来的潜在效益惊人。工业互联网的技术创新将在规模高达 32.3 万亿美元的领域内得到直接应用，而这些都需要 IT 技术和产品提供强力支撑。随着全球经济的发展，工业互联网的潜在应用也将扩大。到 2025 年，工业互联网的

应用领域将达 82 万亿美元的规模，占全球 GDP 的半壁江山。

三、企业 IT2.0 从用户先开始

以数据为核心的企业 IT2.0 与企业 IT1.0 的路径迥然不同。企业 IT1.0 时代，开始于 OA 系统、工程计算、CAD，进而进入生产管理领域的 ERP、SCM，最后才进入 CRM，如此发展路径主要受需求强烈程度、效率提高幅度、投入产出比、IT 技术的成熟度等多种因素的影响。IT1.0 时代，IT 集中为生产管理服务，因产品数字化程度有限，产品和用户信息不能有效反馈给研发设计者和生产管理者，存在信息流的断链。研发设计者和管理者不得不通过问卷调研的方式寻找用户需求信息，然而这种盲人摸象式的调查，再加上用户对调研的敷衍了事和故意伪装，很可能导致错误的决策信息。

企业 IT2.0 时代，IT 应用首先从市场和用户开始，并逐步向生产和研发环节渗透，与企业 IT1.0 的发展路径迥异，主要因为以下两个原因：①消费 IT 潮流带来大量消费行为数据，这些数据成为企业营销的利器，把企业营销从原来的无目的扫射变为精准的点射。正是网络透明人的出现，导致企业 IT1.0 时代几乎被边缘化的 CRM 等市场营销领域的信息化在企业 IT2.0 时代大放异彩。②人类认知能力由简到繁的过程。相对于通过几个相关模型而实现的互联网精准营销，产品数字化历程要困难得多、时间历程也要长得多，毕竟产品的数字化是比特与原子紧密耦合的产物，既需要一定的 IT 软硬件开发能力，更需要日积月累的工业领域知识，这方面复合型人才少之又少，这也是近两年通用电气、通用汽车等传统工业企业不断在硅谷加大投入的重要原因。

四、数据实时驱动企业成长

1. 利用数据实时切脉为企业带来新的价值。云计算的出现使企业不再受困于计算能力，从而使企业能够实时洞察自身的运营状态。一家城市商业银行利用阿里云，从原来需要 8 小时完成的清算业务被压缩至 30 分钟。中信银行信用卡中心通过部署大数据分析系统，实现了近似实时的商业智能（BI）和秒级营销，每次营销活动配置平均时间从 2 周缩短到 2~3 天，交易量增加 65%。

企业的大量数据是按年、月、周来出报表的，能够出周报的企业已经是比较好的，当然也有一部分企业已经开始出日报，但是数据驱动的企业在时间维度会发生显著的改变，它已经不是用年、月、周，而是按日、时、秒。数据的时间纬度拥有巨大的价值，所有管过企业的领导都知道，企业里的一张报表，月度结束三天之后拿到这个报表和月度结束当

天就拿到这个报表，价值是完全不一样的；此外，如果这张报表还没结束的时候，企业领导任何时间想要都可以得到，它的价值又比在月度结束当天才能拿到的价值高。

2. 消费行为数据和产品运行数据的反馈加速产品创新。利用传感器、物联网、互联网和移动互联网把消费购买行为、产品评价信息、竞品评价信息、媒体评论信息和社交、舆情等信息，再加上产品运行状态信息进行综合评价，改良产品功能、性能设计，从而开发出更受市场欢迎的创新产品。美国通用公司通过每秒分析上万个数据点，融合能量储存和先进的预测算法，开发出能灵活操控 120 米长叶片的 2.5-120 型风机，并无缝地将数据传递给邻近的风机、服务技术人员和顾客，效率与电力输出分别比现行风机提高了 25% 和 15%。劳斯莱斯、洛克希德·马丁等公司的飞机引擎，都配备了大量传感器；这些传感器用来采集引擎的各种数据，如振动、压力、温度、速度等信息。数据通过卫星传送到计算机中，用于监控和分析。如果发现问题，地面支持团队就会及时安排备件、进行维修，同时根据零部件的故障统计进行设计优化。它们不仅仅能够通过数据分析发现问题，而且还能预测可能出现的故障。波音 787 每飞一趟来回产生的数据就是几个 TB，空客 A380 每 30 分钟就产生 10TB 的数据，这些数据成为产品设计、设备运营、维修的重要依据。

3. 数据提高运营效率。利用数据改进管理流程、优化物流路径、指导作业行为将大幅提高企业的生产运营效率。DHL 快递公司针对其新加坡公司 158 辆运输卡车中的 16 辆，通过追踪驾驶员的驾驶习惯提高燃油效率。利用该系统，DHL 公司的燃油效率提高 5%，车辆闲置时间减少 8%，故障发生率减少 41%。美国通用电气公司监测 2 万台喷气引擎中的不易察觉的警报信号，以此来预测哪些设备需要进行维护；利用大数据能够提前一个月预测其维护需求，预测准确率达到 70%，这可以极大减少飞行延误。

4. 数据提高营销的精准度受。益于网络画像运动，精准营销成为目前大数据应用的经典应用领域。2012 年，北京大悦城在商场的不同位置安装了将近 200 个客流监控设备，并通过 Wi-Fi 站点的登录情况获知客户到店的频率，通过与会员卡关联的优惠券得知受消费者欢迎的优惠产品。大悦城根据超过 100 万条会员刷卡数据的购物篮清单，将喜好不同品类不同品牌的会员进行分类，将会员喜好的个性化品牌促销信息精准地进行通知。通过一系列的数据为决策基础的营销策划，店庆当日销售集中爆发，比历史最高增长 142%，销售额达到了 1715 万元。

5. 数据提高服务能力和水平。利用用户和设备反馈的数据信息，售后服务人员做到有的放矢，从而大幅提高服务能力和服务水平。

日本小松利用通过安装在工程机械设备上的 KOMTRAX 系统，对工程机械设备当前所处位置、工作时间、工作状况、燃油余量、耗材更换时间等数据进行收集，从而有效进行维修保养和售后服务。工程机械装备安装 KOMTRAX 系统后服务成本下降 60%、索赔投诉下降 50%。

6. 数据推动制造业服务化。工业时代生产商和经销商以售出产品为己任，因为"烦人"的售后服务，希望卖出产品后顾客不再打电话，除非是第二次购买。数据为制造业赋予了新的含义，设备运行的数据蕴含财富，以数据为基础的服务成为制造业的新的金矿。丰田公司监控售出并行驶在道路上汽车的实时交通信息，提供针对本地政府和企业的大数据服务，并在灾难发生的时候对驾驶员起到帮助作用，这项服务的费用是每月 20 万日元。在国内通过每年千元左右的信息套餐服务费，安吉星能够为汽车用户提供碰撞自动求助、安全气囊爆开自动求助、车门远程应急开启、被盗车辆定位、车况检测报告以及实时按需检测等服务。

福特、宝马、通用汽车都在积极发展车联网服务，寻找新的业务增长点。国内的福田汽车专门成立福田智科信息技术服务公司，开发 iFoton 系统，为卡车、客车和工程机械的全生命周期管理和物流车队管理提供车联网服务。

7. 数据提高社会治理水平。政府利用大数据技术把积累的海量历史数据进行挖掘利用，可以提供更为广深的公共服务。大数据分析可以帮助警察分析历史案件，发现犯罪趋势和犯罪模式，找出共同点和相关性，通过分析城市数据源和社交网络数据，甚至能预测犯罪。国家工商总局根据 5500 多万家企业和个体工商户数据信息，建立一个对宏观经济走势具有预测作用的先行指标，将对提升政府宏观经济调控和决策起到有力支撑。

随着传感器技术的不断成熟、价格的不断降低，无线互联网技术的日益完善，网络带宽的不断加宽、宽带价格的不断降低，网络画像运动将从十亿计的消费者蔓延到数以百亿计的工业产品和工业设备，人类将从量化自我走向量化社会，企业信息化也将增加更为丰富的内容。未来所有企业都将会是数据驱动型企业，社会也将是数据驱动性社会。

第三节　基于数据驱动的智慧企业管理新模式

《国家智能制造标准体系建设指南》将企业信息化系统层级分为设备层、控制层、车间层、企业层和协同层，以下重点围绕企业协同层、企业管理层、生产制造层等三个层级进行论述。

一、数据驱动的企业协同

数据驱动的企业协同层本着互利共赢的理念，强化"全社会一盘棋"及"不求所有、但求所用"的资源共享观念，为中国航天科工集团有限公司（以下简称"集团公司"）或联盟中各企业搭建一个集业务协同、资源协同、服务协同等功能于一体的服务平台，帮助企业快速建立合作关系，完成需求和资源的对接，推动产品和服务由线下转为线上，促进"平台资源共享、供需能力匹配、整体效益提升"这一协同目标的实现。

集团公司以基于云服务的模式，内部以资源共享、能力协同为目的，建立专有云平台，通过多项目管理系统、集团主数据管理系统等，打通集团公司各企业之间的数据链道，有效支撑企业协同。具体方式如下：

1. 基于 WBS 的多级科研生产项目协同。以项目管理为核心，串联各协同单位产品研制的全过程，面向不同管理层次实行多级计划的分级管理，实现对项目成本的全生命周期管理，串接产品质量数据包，实现质量过程管控；共享产品零部件数据信息和知识信息，实现企业间的协同研制。通过推行覆盖集团公司、院、部（厂、所）三级管控模式的多项目管理应用系统，实现企业间项目计划、进度、质量、资源、成本、风险等多要素数据信息的传输、组织管理和应用。

2. 集团公司内外供应链网络化协同。通过物资采购、客户管理，打通集团公司内部与外部产业链客户之间的数据协同链路，把集团公司内部及上下游合作伙伴——供应商及客户间的业务看成一个整体过程，形成集成化供应链管理体系，达到全局动态最优的目标，以适应市场对生产和管理过程提出的高质量、高柔性和低成本的要求，协同合作，实现战略共赢。

全面获取、传输、管理、集成外部经营环境数据，包括竞争对手数据、行业数据、市场数据、政策法规数据等，通过有效的数据组织管理，实现集团公司内部业务数据、外部产业链客户数据、外部经营环境数据等的有效融合，从而构建一个以集团公司业务数据为核心，服务于集团公司业务发展的数据资源池，为建立数据驱动的新型合作关系提供依据和支撑。

3. 建立集团公司级主数据规范体系，强化企业数据资源协同。以集团公司级统一数据管理需求为牵引，加快推进数据中心建设，基于通用的企业数据资源规划方法，建立健全涵盖业务运营数据、基础数据、主题数据的数据管理体系。加强主数据标准制定，在集团公司主数据范围基础上，各级次单位根据业务需求扩展主数据内容及其使用方式。紧密结合集团公司智慧企业建设目标，逐步完善集团公司级和各单位主题数据库，为指标监控预警提供一致且完整的数据源。

企业协同层的下层是企业管理层，企业管理层可以通过标准接口（基于语义的服务网络）动态快速接入企业协同层，获取、共享并传递任务与资源，动态获取和敏捷响应任务、服务保障请求。

二、数据驱动的精益企业

数据驱动的企业层从企业协同层获取资源和任务等信息，在企业内部通过全生命周期管理系统（PLM）、企业资源计划系统（ERP）等信息化手段，实现业务集成、信息集成，高效应用资源，快速响应任务需求。主要体现在以下三个方面：

1. 构建基于模型驱动的产品全周期管理平台（PLM）。应用基于模型的系统工程（MBSE）方法，基于虚拟样机开展战术技术指标可行性论证，通过建立全武器系统虚拟样机，开展体系仿真验证、系统仿真验证、多学科协同仿真及产品虚拟验证，推动产品设计从传统的经验设计向预测设计和仿真设计转变；基于功能样机和性能样机，开展基于模型的系统工程应用，建立总体与分系统并行协同研制模式。深化试验数据的应用，进行实物试验与虚拟验证的对比分析，提高仿真置信度，提升虚拟验证能力，支撑产品在虚拟世界中设计验证迭代。以 PLM 为载体，构建设计制造一体化协同工作环境，包括全三维设计环境、三维工艺设计、三维工艺仿真等功能，支撑基于模型的设计制造一体化协同。

2. 建立以 ERP 为主干道的业务财务一体化平台。通过应用企业资源管理系统（ERP），对企业物流、资金流和信息流进行全面一体化管理，实现采购到付款、销售到收款、项目到成本、项目管理到项目会计四个一体化目标。其中，以采购合同和采购订单为线索，打通集团公司内部跨单位之间物资数据的协同共享、传递和管理，实现对整个采购执行过程的全面管控；以销售订单为驱动，打通产品设计、工艺、生产、采购、服务、财务的整个业务链条的数据协同，实现销售与各业务部门间的数据协同。

3. 建立覆盖全局的企业指标体系。将集团公司的战略目标逐级分解到部门、人员、职位、业务环节，形成可量化、可考核的具体指标，实现对全业务范围的数字化监控预警；对业务领域进行多维建模，构建覆盖全业务领域、全集团公司层面、全视角的多维指标体系，实现指标多维度灵活统计和指标穿透钻取，建立业务数据库和主题数据库，构建数据立方体存储模型，支撑智能制造的目标。同时，通过趋势预测、管理驾驶舱、仪表盘、行业对标、监控预警等模块实现战略管控指标体系的可视化，预测企业的关键绩效指标，提前进行风险识别，及时做出相应调整决策，优化信息、资源、能力配置，实现有效的风险控制。

企业管理层的下层是生产执行层，生产执行层中设备和系统通过改造后加入 CPS 网络，与企业管理层实时联通，获取模型、主生产计划和相关需求计划信息，同时反馈执行状态和设备、物料、质量等信息。

三、数据驱动的车间生产管理

生产执行层围绕产品制造活动完成生产系统运行管理及制造数据处理，实现信息流、物流在生产系统中的集成与融合。生产执行层基于企业管理层的主生产计划、产品制造工艺，通过 MES 系统或 MOM 平台建立生产系统的作业计划、资源使用规划，形成生产系统运行的调度模型、资源模型、驱动数据，分配实物制造过程的执行指令；通过质量管理系统和电子履历系统，实现对产品生产和质量等信息的智能监测和控制，强化对企业生产过程的管控。

1. 开展生产制造执行管理系统建设。生产制造执行管理系统（MES）承接上游的研发设计和虚拟验证体系，同时，关联下游生产制造执行过程，主要作用是对产品制造过程进行综合管控。在业务功能上，包含制造数据管理、计划排程管理、生产调度管理、库存管理、工作中心/设备管理、工具工装管理、生产过程质量管理等业务模块。生产制造执行管理系统通过与底层数据集成分析，以及与上层数据集成分解，为企业打造扎实、可靠、全面、可行的制造协同管理平台。

2. 构建质量管理系统。坚持质量至上，秉承预防为主、闭环管理的航天系统工程思想，遵循集团公司"四个两" 2.0 中的规划，实现质量管理系统对型号产品研制过程中系统、分系统及零部件质量数据进行采集、汇总、统计和分析的要求。质量管理系统要适应集团公司智能制造、协同制造和云制造的新生态环境，以数字化、网络化和智能化为着力点，在质量数据信息采集、组织、传递、汇总的基础上，完善和细化质量数据内容，优化质量管理检测过程及统计、分析方法。通过质量管理系统建设，对产品全过程质量数据进行有效归集与整合，达到对型号全生命周期数据的可追溯和查询，并力争把事情一次做好，实现"零缺陷"的终极目标，持续推进集团公司科研生产质量管理转型升级和模式创新。

生产执行层的上层是企业管理层，生产执行层从企业管理层获取产品模型、主生产计划和物料计划信息，向企业管理层反馈质量信息、物料需求信息和成本消耗信息等；生产执行层的下层是设备控制层，生产执行层向设备控制层下达作业计划、资源调度指令/作业指令、执行程序等，以驱动生产设备或物流系统高效运行。

数据驱动的智慧企业在流程、方法、技术基础上，把数据作为一个主要生产要素，重点围绕基于指标体系的决策分析，基于数据全周期管理、流程全周期管理、产品生命周期管理（PLM）的数字化研制流程改造，基于企业资源计划（ERP）、多项目管理（MPM）、质量管理等信息系统的协同应用，以及以制造执行系统（MES）为核心的车间信息全集成，开展相关建设。

随着信息化建设的逐渐完善，知识作为新的动力，以及附加了知识信息的数据，可以让企业在智能制造过程中发现不足并进行自我改进，从而使企业生产越来越精益，企业越来越有竞争力。

第六章 数据驱动企业管理创新与发展展望

第一节 信息化背景下的企业流程管理探析

一、企业的信息化流程管理建设现状分析

近年来，云计算、移动互联网、物联网等信息技术正处于高速发展时期，给企业管理提供了更加多样的技术手段，因此企业需要积极推动流程管理的信息化建设，利用信息化技术优化管理流程，提升管理效率，减少管理成本消耗，不断增强企业的核心竞争力，实现向高质量发展的转变。

流程管理起源于现代西方企业制度，虽然改革开放以来流程管理在我国逐步开始实施，但一直处于相对滞后的状态。特别是一些大型国有企业，组织机构庞大，权力结构采用金字塔式，跨部门跨组织的协调工作非常多，管理工作量大且繁杂。而主要领导干部习惯于传统的管理模式，对信息化流程管理重视程度不够，即使建立了信息化流程管理系统，但利用率并不高，还大量使用以往的纸质文件签字盖章模式，不但管理效率低，还会造成管理成本的增加。虽然大多数企业的流程管理体系（如企业 OA）已经建立，但在具体实施的力度上还存在较大欠缺，主要反映在员工参与度不够，企业监督机制不完善，力度不强，造成流程管理未能有效地全面实施。这其中一方面原因是员工流程管理意识不强，另一方面也有流程管理应用便利性不强，开放性较差的因素，这导致了企业的流程管理流于形式。

完善的企业流程管理需要必要的体系支撑，这些条件包括企业管理水平、信息化硬件、软件水平、企业文化建设水平等多个方面，其中信息化硬件、软件水平对流程管理体系的建设起着至关重要的作用，但有些企业信息化投入偏低，硬件设施较为落后，软件更新也较为滞后，难以有效支撑高效的流程管理，在一定程度上影响了企业的信息化流程管

理建设步伐。

二、信息化流程管理的价值分析

信息化流程管理的价值分析包括：①利用信息化技术能够充分凸显流程管理的时效性，打破地域和时空限制，从而便于制订更加快捷便利的流程管理方案，提升管理效率，使流程管理不仅限定在公司内部使用，还能利用信息网络进行有效延伸，提升了流程管理体系的实用性；②可以快速推进企业管理数字化进程，数字化管理效率高，成本低，数据文件便于保存和查询，与此同时，当企业的各项流程管理数据规模较大时，利用大数据技术能够挖掘出更多有价值的信息，供企业管理者参考决策。

因此，数字化和信息化管理已经成为现代企业发展的必然趋势，只有不断提高企业信息化建设水平，才能确保企业在未来的市场竞争中保持优势地位。

三、流程管理信息化体系建设

当前，市场上流程管理软件多种多样，企业在选用流程管理信息化软件时，要根据业务特点进行选择，其目标在于更好地服务企业的管理流程，而不是主次颠倒，为了适应软件而设计流程管理体系，否则不但不能发挥信息化软件的作用，还会影响企业流程管理效果。

一般来说，流程管理信息化软件包括三点功能：①管理流程的整合与拆分。信息化软件要可以对企业流程管理进行拆分，软件可以根据不同的权限和业务拆分成多个子流程，这些子流程可以根据业务需要独立运行。同时，系统中不同节点发起的子流程可以利用信息化软件整合为相对完整的管理流程。利用这两种功能可以使流程管理更加灵活高效。②各业务模块的接口整合与集成。在企业管理中，除了有流程管理，还有生产经营、财务管理、人力资源管理等多个业务部分，这些业务模块应该具有可以实现互通互联的数据接口，从而使企业的信息化管理更加全面细致，比如企业的销售计划、合同管理、生产计划等虽然归属于不同部门，但具有很高的关联性，要充分利用信息化软件对这些不同业务模块进行整合，提升信息化管理体系的完整性。③完善的数据处理和储存能力。软件要具备完善的数据采集、存储、查询和数据分析报表显示功能，特别是规模较大的企业，流程管理文件多，数据量大，大量的数据汇集在一起可以有效反映出企业的生产经营管理状况，因此未来的信息化体系应具备更强大的数据挖掘功能，给企业管理者的经营决策提供更加科学全面的数据支持。

三、企业信息化流程管理水平的提升策略

提升企业信息化流程管理水平的策略建议包括：

1. 加强信息化流程管理外网建设。以往的信息化流程管理主要局限于企业内部局域网，不能有效利用互联网实现流程管理，导致企业员工在出差以及工程服务等情况下无法运用信息化流程管理系统，造成管理环节的遗漏，因此，在移动互联网技术非常成熟的现今，企业应积极推进外网建设，可以利用企业微信、公众号、移动 App 等多种方式与信息化流程管理体系相融合，突破内部局域网限制，实现基于互联网络的流程管理。

2. 调动员工积极性，实现全员参与。企业应积极培养员工参与流程管理体系，并将此作为绩效考核的一部分，形成全员共同参与信息化建设的局面。这样才能让信息化流程管理系统利用率更高，获得更全面细致的管理数据，并在使用过程中针对员工提出的问题加以优化整改，不断完善体系建设。

3. 利用信息化手段加强流程管理再造。企业应该积极利用信息化手段对流程管理进行再造，提升管理效率。

综上所述，企业流程管理信息化建设是网络信息时代的必然结果，但由于其自身的复杂性与企业管理的传统思维存在一定的矛盾，企业要针对自身生产经营特点，利用新的信息化技术对流程管理体系进行优化，重点在于建立全员参与的流程管理体系，加强员工的信息化能力建设，并积极利用云计算、移动互联网、物联网等先进技术加强企业信息化系统的外网建设，增强流程管理体系的适用性，加速推动企业数字化进程，助力企业高质量发展。

第二节　基于数据驱动的物资采购与供应精细化管理

一、应用背景

近年来，上海铁路物资有限公司主要负责上海局辖区内铁路物资采购与供应专业化经营。铁路企业市场化转型对物资管理提出了新的要求，物资公司主动适应新变化，运用信息化与大数据技术手段，充分发挥专业化经营的市场资源优势，全力挖掘物资资源潜能，提升管理效能，把物资市场化运作和专业化服务作为经营创效管理的主要内容，确保物资

资源经济效益最大化，经营业绩呈现快速增长态势，正逐步向高质量经营发展方向转型。

（一）管理现状和存在的主要问题

伴随经营规模的快速增长，物资采购与供应专业化经营难度与规范化管理压力凸显，现有模式已成为制约高质量经营与发展的瓶颈。

（1）业务运作环节经营模式落后。物资采购与供应业务运作环节业务财务不融合、风险难防控：一是在采购与供应两端日常沟通联系及信息反馈主要采用传统的电话、传真、邮件方式，缺少信息化手段以及"互联网+"全新经营理念；二是业务操作市场化规范透明程度不足，采购价格是否公允合理、是否存在风险难以判断；三是业务财务信息反馈时效性差、口径不一，管理者无法在第一时间清晰掌握精准经营过程信息，对市场形势研判的敏锐性和快速反应能力较弱。

（2）票据结算环节质量效率不高。物资采购与供应业务日常核算环节作业不标准、流程不清晰：一是在现有的职能管理模式下，不同职能岗位间协作融合程度不足，业务彼此割裂，信息沟通不畅，容易造成管理错位、越位、缺位，难以实现闭环管理；二是信息采集、票据传递、日常分析核对等业务事项处理，绝大多数仍采用手工方式进行，操作效率低；三是业务操作流程标准不统一，路径不明晰，工作重复、错误情况时有发生。

（3）管理决策环节数据精准性差。物资采购与供应业务数据采集分析应用中数据不实时、信息难共享：一是经营过程数据采集分析时效性差，难以实现精准的数据采集分析；二是数据来源口径不一，数据采集覆盖范围狭窄，难以实现数据横向、纵向间集成化深度分析；三是数据分析结果可利用度差，日常数据采集分析仍停留在传统电子表格统计分析状态，数据分析智能性、可视性、易读性较差，难以为管理决策提供精准有效的信息共享支持。

（二）实施数据驱动物资采购与供应精细化管理的背景与原因

（1）主要背景。采购物资的数量多、品类杂、分散性强，供应商数量多，业务链条长，这为数据驱动下的物资采购与供应集成系统的运用提供较好的应用环境。以2018年上半年数据为例：常用物资品类有4894种，物资品种编码118.23万条，2010至2018年历史累计供应商与客户8012家；2018年上半年物资采购12 138笔，涉及物资38 532种。采购来源全国21个省（自治区、直辖市）1080家供应商，业务覆盖全国11个省（自治区、直辖市）234个客户；经营链条从采购需求、询价开始至财务核算闭环，全过程共涉及 20 余个业务作业点。

（2）主要原因。一是适应市场化转型的内在要求。当前铁路企业市场化改革加快，尽快地建立以信息化、大数据为载体的先进经营管理模式，不仅是落实路局集团公司规范管理、提质增效的工作要求，更是企业自身有效提升经营管理能力，应对市场激烈竞争的内在要求。二是实现高质量发展的现实需要。随着经营规模快速增长，物资需求品类数量及供应商数量日趋增多，管理难度也相应增加，对制约企业经营发展的原有管理模式进行有效创新。构建以数据为中心，树立围绕数据经营、数据管理、数据决策的全新经营管理理念，是企业实现高质量发展的现实需要。三是提升效益效率的强力支撑。通过实时数据深度挖掘集成，生成可视化智能分析，有效应用于物资定价、市场研判、盈亏测算、电子商务等经营创效实践中，为企业精细化运营与管理提供强有力的精准数据支撑，运用流程化管理、智能人性化数据信息采集，实现工作质量与效率显著提高。

二、总体设计

统一物资采购与供应集成系统，并运用先进管理会计工具与方法，将复杂烦琐的工作简单化，简单的工作流程化，流程的因素信息化，有效地将制度、职责、运行、评价嵌入系统，实现经营全过程规范有序、可视可控，以数据驱动、流程管理助力企业实现精细运营、精准决策。

（一）数据驱动

在数字智能化时代，数据将成为企业的有效资产，逐步实现以数据驱动企业运营与管理，未来将是评估企业核心竞争力的关键。

全面养数据。只有前瞻性"养数据"，才能更好地实现直观"看数据"、有效"用数据"，必须统筹做好历史基础数据的采集与处理，同时通过深度挖掘与集成，形成不同物资、供应商、客户格式统一的数据分析模型。

直观看数据。数据可视，一图胜千言，不同层级经营管理者能在授权范围内，实时共享口径统一的数据信息，并可根据需要对历史数据、即时数据以及未来数据趋势，进行自助式数据链全程全景调阅分析。数据覆盖度要广、内容要全面，直观易懂，以促进企业上下之间、部门之间、岗位之间经营管理目标的同步。

有效用数据。数据信息从经营中来，只有再循环应用到市场营销、物资比价、盈亏测算等经营创效实践中去，才能真正体现出数据的内涵价值。实现让各层级经营管理者在第一时间清晰掌握经营动态，有效提高企业市场决策反应能力。

（二）流程管理

建立职责明晰、高效顺畅的作业流程，有效提升工作质量和效率，让标准流程成为企业规范管理、提质增效、健康发展的基石。

标准化流程。以全新的流程管理替代以往的职能管理，建立业务、财务各岗位职责明晰的标准化工作流程并嵌入系统，实现业务财务融合闭环管理。

可视化指引。在每个岗位的作业环节，均设计自助式作业流程演示及语音指引，让操作简单易用，任何一项工作流从源点到结束，作业进度都全程可视透明。

智能化操作。功能界面及实际操作充分体现人性化、智能化、便捷化，票据信息可以采用扫码技术自动录单，实现效率与准确性成倍提高。

（三）精细运营

以信息化平台为依托，实现运营全过程规范化、可视化、数据化、精细化，让数据信息化成为企业高质量发展的有效保障。

平台要统一。所有业务和财务人员进行采购、库存、供应收发料作业、票据核算能够在统一的工作平台上，作业路径标准统一，数据口径统一，实现业务流、票据流、信息流有效合一。

管控要统一。建立统一的大数据管控中心，对历史数据和新产生经营数据实行标准库位式管理，使不同层级的人员能够在授权范围内共享经营数据，并确保数据源实时、精准、安全、可靠。

分析要统一。深度挖掘数据内涵价值，建立实时、动态、可视化的智能数据分析模型及报告，将数据分析结果有效融入经营创效过程，实现企业精细运营与管理。

（四）精准决策

将实时可视经营数据有效应用于采购与供应经营战略、物资定价、市场研判、电子招标等实践，为精准决策提供强力支撑。

战略要明确。企业战略管理者层面能够在电脑终端或可视化分析大屏上对企业关键物资、供应商、客户经营动态、市场重大风险变化情况有效掌控，精准采取应对策略；能够通过当前经营数据趋势指引，未雨绸缪，前瞻性思考，对企业发展战略准确定位。

管理要科学。各层级管理者能够实时动态全面掌握经营预算进度以及经营质量、效益变化差异情况，有效实施经营过程业绩指标精准考核与评价；重点物资、供应商、客户、市场趋势，物资公允定价、经营毛利率等核心指标实现系统智能预警提示，科学理性地采取应对策略。

经营要理性。业务员操作层面能够在其授权范围内实时查询共享应用相关经营数据，迅速掌握物资价格、供应规律、市场份额、经营效益等相关经营指标动态趋势及差异变化，做到理性思考并拟订针对性强的经营方案。

数据驱动物资采购与供应精细化管理是运用管理会计工具与方法，采用市场先进企业经营管理模式对既有经营管理模式的全新改造与创新，目前分别构建了以流程管理与大数据管理为主要特点的日常工作流程及可视决策分析两个平台。其中日常工作流程平台设计运用流程管理替代职能管理，全面优化既有作业流程功能设计，日常作业全程规范、可视、透明、易用，有效促进工作效率与质量实质性地提高；可视决策分析平台设计运用数据采集智能化、模型标准化、分析可视化等先进技术，实现数据信息的实时集成展现；其中大数据中心建立智能报告、绩效评价、实时交易、供应商分析等十个各有侧重的数据分析报告模块，各层级经营管理者能够在授权范围内对经营数据进行实时共享与应用。

三、应用过程

构建切合本企业经营管理实际的集成化信息系统，采用公司和分公司两级管理模式，分别设置信息管理员负责系统日常运营管理，引入作业标准化、管理流程化、应用智能化、分析可视化、决策数据化等先进企业精细化经营管理理念，建立系统部署拓扑结构。

数据驱动物资采购与供应精细化管理实践应用，主要侧重于业务操作、数据分析、风险控制、信息共享等四个层面，以有效解决在实际经营管理过程中存在的业务财务不融合、风险难防控、作业不标准、流程不清晰、数据不实时、信息难共享等具体问题。

（一）业务操作环节具体应用

实施管理会计的主要目的是为了提高经营管理的效益、效率，让工作变得高效与便捷，实现企业高质量发展。对此，采取了建立标准作业流程与运用智能人性化方式进行数据信息采集。

（1）标准作业流程。以最简单操作最清晰路径的思路建立标准化作业流程，每名业务、财务人员登录工作平台业务界面后，系统提示的仅是自己需要操作的业务，任务完成提交确认后，系统会自动流转到下一环节；流程作业任一环节，均能对每笔业务进度完成情况实时掌握，直至财务入账确认后形成管理闭环。

（2）智能信息采集。充分发挥计算机智能化处理的优势，智能扫描采集增值税发票信息；收料单作业时，每名业务员与其最近经办的常用供应商、物资编码进行人性化智能联动，数据信息采集准确性与效率实现成倍提高。

（二）数据实时分析具体应用

实时精准经营数据的反馈是企业应对市场激烈竞争的利器，大数据时代，数据早一秒、决策就快一步。对此，采用大数据技术对经营过程数据实时挖掘集成模型化展现。

（1）实时动态分析。业务操作前台实时采集经营数据，后台智能生成各种指标动态分析，让各层级经营管理者能够即时、直观、清晰地了解经营指标实时进度变化。

（2）自助筛选比对。设计自助式搜索筛选功能，可以选择对不同供应商、客户、物资品类以及不同年、月、日或时间区间和经营指标进行自助式筛选比对，实现对供应价格、市场份额比重、经营趋势变化等指标的全面掌控。

（三）运营动态预警具体应用

企业经营过程风险无时不在，在系统中设定关键经营指标实时预警提示功能。

（1）价格偏差预警。通过采集的同种物资品类供应单价变化趋势，系统对明显偏离采购均价的物资进行动态预警提示，提醒不同层级管理人员及时对供应物资价格偏差原因进行分析，并采取有效的应对措施。

（2）指标异常预警。通过对指标同比、环比以及不同供应商、客户经营指标效益高低的筛选排序、比对分析，不同层级管理人员通过实时共享数据动态发现经营指标异常，提高快速应对市场的能力。

（四）管理会计报告具体应用

在企业加快由核算会计向管理会计转型的新形势下，不同层级在授权范围内对经营信息的有效共享变得越发重要，业务财务高度融合、信息实时共享是企业实现精细管理的终极目标。对此，采取将经营数据深度挖掘集成，形成不同类型实时精准的可视化分析报告，提供给不同层级经营管理者共享运用。

（1）战略层面应用。围绕"数据决策"通过智能可视经营分析报告以及智能分析决策平台，及时把握与防范企业内部、外部环境及市场变化等重大风险，实现对企业经营发展战略的前瞻性思考和科学性谋划。

（2）经营层面应用。围绕"数据管理"通过大数据中心提供的实时精准的绩效评价分析、经营指标分析等分析报告，让管理者清晰了解过去、实时掌控现在、精准预测未来，实施动态过程绩效考核，促进经营效益与管理质量提升。

（3）操作层面应用。围绕"数据经营"通过经营过程实时采集集成的供应商分析、客户分析、物资分析、库存分析等分析报告，迅速掌握当前相关指标进度趋势及市场行情变化差异，将即时数据结果有效融入经营过程。

集成化信息系统作为企业实施数据驱动物资采购与供应精细化管理实践的有效抓手，其开发过程"三分靠技术、七分靠管理、十二分靠数据"，其中流程顺畅与数据精准是两个极其重要的核心环节。对此，对集成系统开发前期顶层设计时，对技术运用、顺畅流程、数据标准进行重点研究与创新。

问题解决重点关注以下三个方面：

一是先进技术支持。①为满足确保百万级数据字段量实现秒级快速处理要求，系统开发采用以大数据复杂运算为特点的先进编程语言。②为提高票据信息录入采集速度，票据数据信息采用扫码自动录单技术。③为实现下一步物资全寿命周期管理，对物资实物管理与系统内所有生成的收料、发料、账单、智能分析报告，全部运用二维码技术管理。④为了增强业务的操作便捷易用性，对每一个作业模块均设计流程视频指引和语音提示，任何一名新岗位作业人员在最短时间内，均可以自助式掌握作业内容与操作路径；所有供应商、客户、物资编码选配均采用人性化、智能化联动操作。⑤为保证数据采集准确性，系统运用人机交互实时预警提示，当扫码采集增值税发票上金额有误、重复采集或供应商与公司准入供应商名称不符时，均会语音提示拒绝信息采集。

二是顺畅流程设计。①正常流程。各岗位工作职责明确，实行流程驱动作业，所有作业项次进度全程可视。不同身份业务、财务岗位人员均只能在权限内规范操作。②逆向流程。当某项业务进行过程出现数据错误时，可以按逆向流程逐级回退，可视进程中会有相关数据错误回退的原因记录，确保业务操作全过程责任明晰原因可追溯。

三是数据标准统一。①为确保系统运行过程数据精准无误，统筹做好各种基础数据整理工作，将物资类别、往来单位、物资结存等静态、动态基础数据在反复测试无误后成功对接；②为更好实现"用数据"经营与管理，前瞻性做好"养数据"工作，将历年经营数据统一采集标准，经过梳理清洗集成后以统一口径按时间轴方式分析展示。

四、取得成果

数据驱动物资采购与供应精细化管理应用前后对比包括以下几点：

1. 职责明晰，流程顺畅，夯实管理基础。充分体现应用功能易用、实用、管用实际效果，实现将复杂工作简单化，简单工作流程化，流程因素信息化，有效将制度、职责、运行、评价嵌入系统。业务、财务人员在标准化流程及统一工作平台上按标作业，经营全过程各岗位职责明晰、各司其职、流程作业、规范有序、可视可控，企业管理基础得到夯实。

2. 全程可溯，动态预警，防控经营风险。不同层级管理部门在授权范围内，对历史及新发生的任何一笔经营业务，均可实现剥茧穿透查询与全景分析，业务链环节全程透明可追溯，实现了有效过程监管。通过关键指标预警设置，对重点物资采购价格偏差、低效业务、票据差错、重点客户市场份额增减等核心经营指标动态智能预警提示，实时防控经营风险。

3. 实时精准、智能可视，提升竞争能力。所有数据信息均由计算机深度挖掘集成，并瞬间生成企业各层级经营管理需要运用的智能分析报告，直观易读易懂。数字智能化时代，数据信息的运用能力已成为提升竞争力的关键，以可视数据分析平台为依托，全面提高各层级经营管理者对市场趋势精准研判与实时掌控能力，企业的市场核心竞争力得到强力提升。

4. 数据驱动，精细管理，科学精准决策。通过大数据分析技术，更加直观地面对自己的企业，更好地挖掘利用各种已有和潜在资源潜力，实现数据驱动经营创效；通过全面养数据，实现直观看数据，有效用数据，将"数据+模型+决策"有效地融合应用于物资定价、市场研判、盈亏测算、电子商务等经营创效实践中，实现企业精细运营与管理，效率效益同步提高。

5. 业财融合，信息共享，助力财务转型。运用先进的管理会计工具和方法，瞄准企业主要经营管理"痛点"，进行有效管理模式改革创新。构建切合企业需求以数据驱动为核心方便易用的集成信息系统，实现企业各层级在授权范围内对数据信息直观高效的共享应用，引导企业上下目标一致，围绕数据经营、数据管理、数据决策，业务财务有机融合，助力企业财务管理积极转型。

五、经验总结与改进建议

1. 企业管理者高度重视，是管理成功实践的根本保证。数据驱动物资采购与供应精细化管理实践涉及不同层级、部门、岗位，以一种全新的数据驱动、流程管理替代传统职能管理模式，可能会在应用初期产生管理规范上难以适应的磨合期，需要企业管理者高度重视与支持，企业唯有上下目标一致，才是管理顺利实施的根本保证。

2. 切合企业经营实际，周密谋划做好前瞻性功能设计。每个企业岗位职责分工与作业流程均有差异，流程设计要结合本单位自身实际，必须在充分调研基础上按照规范业务流程统筹做好功能需求的顶层设计，打造量体裁衣般的标准优化流程体系。同时系统设计应用功能一定要有前瞻性思维，要与企业未来经营发展战略相适应。

3. 真正科学有效的管理，要充分体现实用管用效果。依托一个真正有价值和生命力的集成系统，以数据驱动企业实现精细运营、精准决策，有效促进企业经营质量、效率、效益同步提升。真正实现流程上由杂乱到统一，信息上由孤岛到共享，效率上由低效到高效，协作上由脱节到融合的精细化管理目标。

4. 改进建议。包括三点：一是数据价值最终的落脚点是要将经营过程中采集形成有价值的经营信息融入经营，充分挖掘物资资源潜能，将数据智能化运用于市场化电子招投标管理，实现大数据支持下的"互联网+物资"全新经营模式转型；二是管理会计的目标是助力企业实现高质量发展，企业要营造良好的管理会计应用环境与氛围，管理层要高度重视与支持管理会计在企业的有效应用与推广；三是管理会计的实施与应用是一个不断探索与创新完善的过程，在现有已经形成的作业流程化、数据可视化、分析智能化经营管理基础上，要运用有效管理会计工具和方法，进一步加快管理模式探索与创新，将更多的精细管理要素有机融入与集成，真正实现与市场先进企业的有效对接。

第三节　基于数据驱动的制造企业管理创新发展展望

"互联网+"时代，无论是处于转型升级阶段的传统企业，还是基于新一代信息技术的新兴企业，都必须从顶层设计开始，构建数据战略，并打造推动企业不断发展的数据飞轮。所谓数据飞轮是指能够利用客户行为数据为第三方开发出增值服务，能持续、免费地为客户提供更多服务；而更多的服务将产生更多的客户行为数据，利用这些新产生的数据又能为第三方提供新的增值服务，这个正向反馈的循环，如同巨大的数据飞轮，产生飞轮效应。传统的管理模式一直围绕的主题是"职能驱动转为流程驱动"，随着"互联网+"时代的到来和大数据技术的不断发展，数据驱动已逐渐替代了传统的驱动方式，成为中国企业发展的新方向。因此，在"互联网+"时代如何通过数据驱动成就商业模式的创新就成了具有现实意义的问题。

依据数据类型的不同，将数据驱动创新分为四类：①价值数据驱动创新，数据主要包括客户反馈数据，新产品/新服务模式的研发及改进数据，其主要创新对象为产品或服务；②关系数据驱动创新，数据主要包括全渠道营销和品牌管理数据，其主要创新对象为渠道；③平台数据驱动创新，数据主要包括企业的生产平台数据（例如众包、众筹等相关数据）、合作伙伴平台数据（例如供应商合作伙伴、技术合作伙伴等），其主要创新对象为支持生产的基础设施（包括网络平台）；④盈利数据驱动创新，数据主要包括交易渠道/方式、付账方式、盈利方式等，其主要创新对象为企业获取收入的来源与方式，以及交易付款方式等。

本节对不同装备制造企业数据驱动的类型和特点进行分析，并对其数据驱动的规律及应用范围进行深入探讨。同时基于多案例研究，运用数据飞轮的原理和规律，为不同装备制造企业的创新模式提供指导，分析数据驱动型装备制造企业创新模式的演化与发展趋势。

由于当前数据驱动的创新模式在实践中运用较少，飞轮效应在企业创新实践中的运行规律尚不清晰，采取统计抽样的方法很难获取样本，很难对数据驱动创新的动态演化过程进行准确描述，也很难对飞轮效应原理和规律在企业实践中的具体运用予以详细描述。相比之下，案例研究更加适合数据驱动创新的研究对象和研究目的。为了更加深入地揭示装备制造企业数据驱动创新的演化过程及运行规律，选择多案例研究作为研究方法，在有效性方面具有较强的优势。

当前研究多以信息产业为研究对象，对于制造产业如装备制造企业缺乏学术关怀，其创新模式多聚焦于产品研发，对产品和服务模式创新的综合研究尚不多见。

一、研究设计概述

（一）变量意义

下面通过如下变量对不同装备制造企业数据驱动的类型、特点、规律及应用范围进行深入探讨。

（1）数据驱动创新。评估一个企业是否为数据驱动创新型企业有三种方式：①企业产生的数据量；②使用数据的程度和有效性；③内化数据的过程。其中②是评估的关键。数据驱动创新在新兴产业如信息产业中较为常见，如小米手机、戴尔电脑等，其数据驱动的创新决策已基本替代传统的组织层级决策，所有创新实践已逐渐由数据驱动完成。

（2）数据飞轮。数据飞轮即企业在创新演化的各个环节都有数据支撑，而判断一个企业是否已经形成了数据飞轮，主要是看企业在创新演化的进程中，每个基本模块是否都有数据支持。数据飞轮的动力源可能是一个，也可能是多个。依据数据类型及数据驱动创新的类型，将企业运行的基本模块划分为产品/服务、渠道、基础设施及盈利模式四块：在产品/服务模块，主要是"价值数据飞轮"；在渠道模块，主要是"关系数据飞轮"；在基础设施模块，主要是"平台数据飞轮"；在盈利模块，主要是"盈利模式飞轮"。

（3）飞轮效应。不同企业在数据驱动创新演化过程中表现方式、特点、规律及应用范围各不相同，四个数据飞轮在创新演化过程中发挥作用的特征及影响程度也各不相同。依据飞轮效应的四个基本规律，即原点定律（数据驱动创新模式的起点与演化）、阻力定律（数据飞轮运转的阻碍因素）、加速定律〔企业数据飞轮效应的加速度＝（企业动力－企业阻力）/非数据化业务规模〕与惯性定律（实现企业大数据的自动巡航），对于不同数据驱动型装备制造企业创新演化的表现方式、特点、规律及应用范围进行分析。

（二）案例研究方法

由于从数据驱动的角度，研究企业创新的文献尚不多见，已有研究及案例中也缺乏对装备制造企业数据驱动创新的完整描述，因此无法从现有文献和访谈中直接获取研究所需的案例。依据多案例研究方法，通过资料收集获得零散的装备制造企业数据驱动创新的片段，然后依据"互联网+"时代的特点及数据驱动创新的表现方式及规律进行筛选和拼接而成。针对每一个拼接得到的案例，均包含两个以上不同的数据来源，包括学术论文、专著、公司网站、行业资讯等，获取与该案例相关的信息，并通过各种大数据峰会、机械信息化、装备制造等会议听取案例企业的报告，并收集案例资料，以确保案例的真实性，因此案例的质量可以得到保证。研究尽可能多地采集更典型的装备制造企业案例，以满足研究所需。中国装备制造企业中数据驱动创新的成功案例较少，然而这种数量上的缺乏也更突显了数据驱动创新研究的重要性。如果数据驱动是装备制造企业创新的重要源泉，数据驱动创新是装备制造企业的重要创新模式，那么装备制造企业及其他制造企业就应该有目的地将数据驱动及其创新模式作为其创新引导，并从中得到经验、借鉴与指导，以尽快实现装备制造企业信息化与工业化"两化融合"的进程。

（三）案例研究介绍

案例研究所需的案例一般以 4～10 个为宜，案例选取须具有较大的典型性，同时还要具有独特的研究和现实意义。当前数据驱动创新的案例多以国外企业为例（如戴尔电脑）或是以电子产品（如小米手机）等信息企业为研究对象。对于中国制造企业，尤其是装备制造企业鲜有涉及。然而，在供给侧改革背景之下，像装备制造企业这种迫切需要转型的制造企业才是"互联网+"时代急需寻求创新突破的行业焦点。

通过相关文献的整理分析，查阅相关企业资料，并结合对装备制造、大数据技术及技术创新等领域专家的访谈，选择案例主要基于三个标准：第一，鉴于案例的可获得性，研究以通用类装备和基础类装备为主，这类装备制造企业主要生产工程机械、农业装备、专用车辆、机床、工业装备等设备，生产的装备在工业、农业等领域运用广泛；第二，涉及的装备制造企业尽量涵盖知名、典型企业（如三一重工、徐工集团等），以提高研究案例的代表性和典型性；第三，尽可能选择当前学术的创新性，填补装备制造企业创新及数据驱动研究中鲜有涉及的创新模式进行研究，以提高案例研究的不足。

二、制造企业数据驱动创新分析

通过对案例进行归纳、整理、分析，发现装备制造企业也在相当程度上遵循数据驱动的创新模式，但在多个方面均表现出与已有研究中信息产业案例不同的特点。

（一）发生范围、主体与类型

（1）发生范围。几乎所有成功的信息化产品都是数据驱动创新的结果，许多成功的信息企业就是围绕数据驱动创新组织生产的，例如小米、联想、戴尔等，这与数据驱动创新的信息化手段高度相关。但数据驱动创新只是装备制造企业重要的创新模式之一，目前也只有少数装备制造企业开始实行数据驱动创新，且以通用类装备和基础类装备为主。这主要是由于这类装备制造企业存在大量的定制化设计、定制化采购模式、定制化装配工作、定制化生产组织，以及装备制造过程的生产计划、技术工艺等流程息息相关。这些生产工艺流程极其复杂，其产生的数据也是海量、复杂、多源且多维。这些数据本身具有自己独特的工程机理，对数据数量、质量的要求也各不相同，这一方面促使这些装备制造企业开启数据驱动创新模式，另一方面也加大了装备制造企业数据驱动创新模式的实施难度。

（2）参与创新的主体。与信息企业不同的是，装备制造企业数据驱动创新的主体不仅限于企业本身，更多的是与合作伙伴一同参与创新。例如，三一重工与中国移动就"三一工程机械设备智能服务系统"项目开展合作，探索建立基于物联网技术的"M2M 远程数据采集与监控平台"，并将这一平台实现规模化、商业化应用，建成中国首家工程机械物联网企业控制中心。徐工集团与阿里云共同搭建云管端一体化的解决方案，并共同搭建了徐工工业云，共同开发具有公有云和私有云的整体服务模式。徐工集团更是尝试"云上众包众筹众创"，进一步通过推进工业云平台建设和开放共享，通过不断开放覆盖研发、生产、供应链及销售服务平台的制造与产品大数据，通过第三方企业、科研机构及社会开发者直接参与的开放式创新模式，实现国际领先的工业互联网技术众筹，以及全球范围内的大众创新模式。装备制造企业与第三方企业、科研机构及社会开发者合作的过程实质上是一个数据分享的过程，同时也是一种知识的众筹过程。在数据创新过程，以三一重工和徐工集团为代表的装备制造企业扮演着数据分享者的角色，第三方企业、科研机构及社会开发者扮演着服务匹配者的角色，双方共同进行数据挖掘，并最终实现装备制造企业的数据驱动创新。

（3）创新类型。信息企业的数据驱动创新多以自主研发为主，开发的大多是"数据的产品"。而装备制造企业采用的数据驱动创新包括两种类型：一种是装备制造企业提供创意和技术，大学/专业技术型企业承接、利用装备制造企业的创意和技术，并进一步实现商业化应用。高圣所生产的带锯机床产品主要用于对金属物料的粗加工切削，并为精加工做准备。高圣在生产实践中发现带锯寿命的管理具有很大的不确定性，工件材料、工件形状、加工参数、润滑情况等都会对带锯的磨耗速度产生影响，因此很难预测带锯的使用寿命，从而影响切削质量。基于工况状态数据，高圣创新性地提出了"自省性"智能化升级，并将这一创意提供给专业技术型企业，开发了为客户提供定制化机床健康与生产力管理服务的智慧云服务平台。另一种是装备制造企业提供数据，大学/专业技术型企业承接装备制造企业的数据来开发产品和服务，进而实现商业应用，三一重工与清华大学合作研制的装备工况大数据平台就属于这种类型。装备制造企业提供的往往是"产品的数据"，但其也开始逐渐从大数据技术的引进、吸收与转化，过渡到大数据技术的创新与发展，将"产品的数据"逐渐转化为"数据的产品"。例如，高圣生产的智慧带锯机床和"自省性"升级系统就被认为是智能装备中"数据产品"的杰出典范，而广受青睐。

（二）主要数据驱动关系

装备制造企业接力创新生态系统中的主要数据驱动关系与信息企业具有一定的相似

度，但也存在较大差异。

首先，金融支撑在装备制造企业的数据驱动创新过程中不像信息企业那样漫长复杂，装备制造企业大多依靠企业本身的资金完成整个创新过程，例如三一重工；也有少数依靠自身资金与政府财政，例如福田雷沃重工与国家农业部的合作；或者以企业本身的资金为主，政府财政、风险投资、资本市场等为辅，这与装备制造企业本身资金较为雄厚有关。

其次，装备制造企业多为离散型制造，且多为混线生产，任务节点要求严苛，生产过程更复杂，数据驱动创新环节也更多，相对信息企业来说，数据驱动的过程也更为复杂。往往需要借助专业性企业或科研机构的技术与信息化平台，其驱动的过程也与数据驱动创新的信息化技术手段与信息化平台息息相关。数据驱动创新所需的大数据技术、"互联网+"平台均是以信息化手段为依托的，信息企业在这方面具有得天独厚的优势。而装备制造企业在数据创新过程中，作为创新的核心企业，与专业性企业、科研机构在创新过程中为共同打造一个数据驱动产品/服务，甚至一个数据驱动平台而努力，从而形成典型的基于数据驱动平台的共生式发展模式。

最后，相较于信息企业的数据驱动创新，装备制造企业的数据驱动创新虽然起步较晚，但发展很快，在效益提升方面也成效显著。

（三）飞轮效应

客户、产品/核心服务、合作伙伴、盈利模式等在数据驱动创新中都可能扮演着飞轮起点的作用。依据飞轮效应的原点定律，以价值链中某一优势模块为中心，统筹其他一个或多个模块。装备制造企业的创新原点可分为两类：一是以价值链中的客户为中心，拓展新的盈利模式。例如，三一重工的全球客户门户系统能够提供十分详尽的客户信息，包括客户使用设备的状态、位置、工作时长等。设备一旦出现异常，客户将第一时间得到全球客户门户系统提供的警报与维修服务。设备回传的数据除了能让企业和客户了解设备工况，并根据情况给用户发送预防性维护的通知，主动为用户提供预防性维护建议，触发主动服务，还能拓展新的盈利模式。三一重工依据全球客户门户系统每月提供的开工率及作业时间的监测数据，运用大数据挖掘技术对每种产品的关联行业进行关联分析，以为企业确定投资目标提供决策支持。负责数据分析的市场计划部副部长贺前龙表示，设备作业时间可以印证（我们）在某个下游行业的投资是否已经产生效益。设备作业时间作为一个先行性指标，直接反映经济是处于底部还是有所回升，从而帮助企业开拓新的投资市场。二是以价值链中的产品为中心，开展平台数据驱动创新，例如福田雷沃重工。福田雷沃重工针对全国夏粮的不同特点，设计了25万台雷沃谷神系列收割机。2013年，福田雷沃重工依托现代农业化社会服务组织——农机合作社这一基础平台，通过雷沃谷神系列收割机，搭建引导农民进行土地流转集中，"耕种管收运"全程机械化作业的规模化雷沃示范农场。在农场里，开展以土地流转经营、托管经营、农机作业服务租赁为主的经营模式。

阻力定律被用于分析装备制造企业中飞轮运转的阻碍因素。装备制造企业属于传统制造企业，信息化是变革的关键所在。这种变革也促使装备制造企业不断推进服务型制造的进程，由传统装备制造向服务研发装备制造业转变。在这一进程中，互联网相关的技术和平台都是传统装备制造企业成功转型必要的转型工具和手段。例如，中联重科通过自建电商平台、独立开发设备应用App、搭建营销服务大数据平台，并逐步实现设备管理与客户管理、销售服务相关业务、全产业价值链的互联网化。然而，这种平台大数据的采集和兼容又成为装备制造企业数据驱动的障碍。由于装备制造企业的数据复杂多源，针对这些复杂的数据，装备制造企业需要综合运用从数据采集、数据统一描述、数据预处理到可靠性存储的一整套数据融合核心技术，即采用基于统一元数据的异构数据进行统一描述，真正实现不同形态、类型数据，以及不同软件、语言及程序的元数据集成，来实现装备制造企业的全局共享，这也是装备制造企业实现数据驱动创新的关键步骤。

依据飞轮效应的加速定律，装备制造企业的动力主要来自两个方面：一是市场需求，二是社会需求。鉴于装备制造企业本身的工程特性，装备制造企业的市场需求往往植根于工程难题，这也是数据驱动型装备制造企业区别于传统装备制造企业的主要特点。数据飞轮的飞速运转不仅满足了市场需求，更解决了学界与业界的许多工程难题，这些工程难题的解决也推动了中国装备制造业的发展进程。三一重工曾有一批泵车出现液压系统故障的异常情况。液压系统是工程机械领域的核心系统之一，导致故障的原因多种多样，如何发现设备故障的深层次原因一直是一个工程难题。三一重工在大数据分析收集到的工况大数据的基础之上，通过引入近年来高铁建设数据和行政区划数据，发现故障均发生在2012—2013年在建重大工程"杭深铁路"的沿线，可见其故障发生与"杭深高铁"建设工程息息相关。运用大数据技术进行深度挖掘，发现沿海地区的盐雾环境和水质导致油缸密封体腐蚀，这是导致其液压系统故障的根本原因。

社会需求是数据驱动型装备制造企业与其他数据驱动型企业在数据飞轮运行过程中的主要区别之一，这也与装备制造企业在农业、工业等领域的广泛运用息息相关。以福田雷沃重工为例，该企业与国家农业部合作建立全国"三夏"跨区作业信息服务中心，并搭建了农机跨区作业信息服务网和"雷沃示范农场"平台。通过服务网和平台，引导农民进行土地流转集中，将农机社会化服务组织与农场生产组织形式深度融合，解决了"谁来种地"的农村社会问题。从一定程度上整合了农村社会资源，满足了农村特定的社会需求，实现了农村的社会协同。

惯性定律被用于分析数据驱动型装备制造企业的发展过程。在这个过程中，可以看到数据飞轮是如何一圈接着一圈运转，并通过数据驱动的决策来提高装备制造企业的竞争力。典型代表就是福田雷沃重工，它是中国最大的农业装备生产企业。该企业自 2006 年起，与国家农业部合作建立全国"三夏"跨区作业信息服务中心，该中心承担着全国"三夏"跨区作业信息服务和调度职能。福田雷沃重工依据夏粮作物成熟规律，将全国夏粮主产区划分为"一横二纵三片区"，并针对不同片区的特点，设计、投入收割机 25 万台、服务工程车 2768 辆、服务工程师 5972 名，形成了产品与服务创新的价值数据飞轮。并基于此，搭建了农机跨区作业信息服务网和"雷沃示范农场"平台，形成了平台数据飞轮。通过服务网和平台，引导农民进行土地流转集中，以农机合作社为基础平台搭建起规模化经营的农场，开辟出一条建设新型农业经营体系的新模式，也开拓出了新的关系数据飞轮。在农机合作社的基础上，以经济手段吸引和引导农民加入其服务网和平台，最后形成了以土地流转经营、托管经营、农机作业服务租赁为主的经营模式，从而开拓出了新的盈利模式。这从另一个侧面反映了数据驱动型装备制造企业数据飞轮的产生、发展、演变过程，也反映了装备制造企业数据驱动创新的演化过程。在这一过程中，福田雷沃重工通过大数据自动巡航体系，在数据飞轮运行的各个阶段及供应链管理的各个环节设置数据探头，用来感知企业内外部数据的变化情况，通过实时探知企业内外部的动力和阻力，对企业的生产/服务型决策进行适时调整，确保数据飞轮的稳定、可持续运转。

三、创新模式的演化与发展趋势

新一代装备制造企业中数据飞轮的形成及其表现出的与信息企业等新兴企业不同的特征，预示着其新的创新模式演化与发展趋势。

1. 数据飞轮为创新演化过程提供"数据驱动决策"。"互联网+"时代，数据驱动型装备制造企业的转型和发展宛如一辆正在行驶的汽车，研究所描述的四种数据飞轮如同汽车的四个轮子，促使企业不断改进企业策略，加快企业的更新换代。当前装备制造企业中，数据驱动型装备制造企业不多。要实现装备制造企业真正的革新与蜕变，促使传统环境下的"组织层级决策"完全转型为"数据驱动决策"，就必须实现企业的"四轮数据驱动"。在这一进程中，四种数据飞轮扮演着不同的角色，提供四种不同类型的驱动决策。

新一代装备制造企业中的数据飞轮，在数据驱动型装备制造企业创新模式演化与发展中展现着不同的特点，四种不同的数据飞轮为创新演化过程提供四种不同的决策支持，即竞争型决策、生产/服务型决策、判断型决策以及开拓型决策。

2. 服务型制造与制造即服务的融合发展。服务型制造是基于制造的服务和面向服务的制造，是通过产品和服务的融合、合作伙伴和客户的全程参与、企业相互提供生产性服务和服务型生产，实现分散化制造资源的整合和协调，从而达到更为高效的创新。通过基于大数据的技术创新，从低技术资源消耗型企业升级为高技术创新型企业，从生产型向技术创新型转型。

数据驱动型装备制造企业通过大数据技术，对不同形式的数据进行收集和整理，发现潜在的规律与问题，并对客户行为、设备状态和企业运营提供科学预测，以做出更为优化的决策。这不仅仅改善了企业的运营决策，也创立了一种新的决策模式——数据驱动的决策，并逐步替代组织层级决策，构建了一个典型的数据生态圈。在数据生态圈中，精确的数据配合精准的智能生产控制系统和实时监测网络，就可以把产品变成服务。例如，装备制造企业与客户签订一个服务合同，根据客户对装备的实际需求，按需提供租赁服务。福田雷沃重工更是基于制造即服务的模式，开发出一个以数据为核心的服务生态圈，即数字生态圈。在数据生态圈中，数据支持的产品即是服务。

3. 从被动服务向主动服务转型。数据驱动型装备制造企业可以通过智能传感器，采集产品运行情况的数据，并根据情况发出预防性维护的通知，主动为客户提供预防性维护建议。而这些建议往往能够在故障发生的第一时间发出"指令"，更早地提供主动服务，获得市场先机。当前装备制造企业的核心业务是装备制造、修理（包括维护、维修和大修）及主要相关核心配套业务。

4. 从传统制造系统向服务生态系统转型。现代装备制造系统的技术、材料变得日益复杂，装备制造企业各种业务的利润空间竞争激烈。这也促使装备制造企业不断"裂变"专业优势，通过业务流程再造，面向其他行业提供社会化、专业化服务发展的新模式，构筑新的服务生态系统，实现从传统制造系统向服务生态系统的转型。福田雷沃重工就是其中的典型代表，它与农业部合作，打造农业装备—示范农场—新型农业经营体系三位一体的服务生态系统。

5. 从精益工厂到智能工厂的转型。在相当长的一段时间，装备制造企业推行的精益制造在生产过程管理和设备使用维护方面都具有严格的执行规范，并且在生产流程监控和质量管理方面使用大量的统计分析工具，确保在质量发生偏差时能够及时予以纠正。但精益制造推行到一定程度之后，许多装备制造企业发现精益制造所带来的提升空间日趋缩小，特别是一些设备的停机和产品的质量问题无法得到持续改进。这也触发了大规模应用在线预测分析工具——大数据技术的产生，促进了数据驱动创新的发展，将传统的静态六西格玛管理模型改进为动态的大数据预测模型。

6. 数据驱动传统装备制造企业向"互联网+"工业转型。"互联网+"工业至少有三个不可或缺的条件。一是网络信息化平台，即将研发、生产、物流、销售紧密衔接，实现以满足个性化、专业化需求为导向的全价值协同供应链。二是智能工厂，将人与人、人与机器、机器与机器、机器与服务、服务与服务、服务与人、联系起来，实现纵向、横向和端对端的高度集成，为客户提供高品质的定制化产品和服务。三是自主创新，不仅限于产品和技术，还包括业态和管理等多层面的创新。没有自主创新技术支撑的装备制造企业转型，没有核心技术支持的装备制造产业变革终将是昙花一现，而这三个条件的核心就是数据。数据将三个条件有机联系起来，并形成数据飞轮，互相融合，互相促进，共同发展。通过大数据技术，将所有客户需求转变为数据模型。通过数据驱动创新，制造数据化的产品，在数据化平台的支撑下，实现网络研发、生产、物流、销售的全过程协同。因此，数据驱动才是"互联网+"工业的根本所在。

虽然装备制造企业的数据驱动创新具有其独特的演化特征和运行轨迹，但与信息企业的数据驱动创新在数据驱动的类型、特点、驱动关系、规律及应用范围上仍然具有一定的共性。这预示着装备制造企业的数据驱动创新拥有与信息企业一样的活力和创造力，其创新潜力也有待进一步发掘，也为供给侧结构性改革背景下其他制造企业的创新提供了借鉴与参考。

参考文献

[1] 安维，孙健升. 现代企业管理 [M]. 北京：中国金融出版社，2015.

[2] 陈葆华. 现代人力资源管理 [M]. 北京：北京理工大学出版社，2017.

[3] 陈光会，康虹. ERP 原理与应用 [M]. 西安：西北工业大学出版社，2009.

[4] 陈红军. ERP 原理与应用 [M]. 北京：北京交通大学出版社，2014.

[5] 陈佳贵. 现代企业管理理论与实践的新发展 [M]. 北京：经济管理出版社，2008.

[6] 季辉. 现代人力资源管理 [M]. 成都：西南交通大学出版社，2006.

[7] 郦巍铭. 现代人力资源管理 [M]. 杭州：浙江大学出版社，2017.

[8] 林勇. ERP 理论与实践 [M]. 合肥：中国科学技术大学出版社，2007.

[9] 凌瑶，张钠. 现代人力资源开发与管理 [M]. 北京：北京交通大学出版社，2015.

[10] 刘志坚，徐北妮. 管理学——原理与案例 [M]. 广州：华南理工大学出版社，2014.

[11] 史翠萍，周华庭，易东，等. 现代人力资源管理 [M]. 杭州：浙江工商大学出版社，2016.

[12] 魏玲. ERP 理论与实践 [M]. 大连：东北财经大学出版社，2013.

[13] 邬适融. 现代企业管理 [M]. 北京：清华大学出版社，2015.

[14] 徐沁. 现代企业管理 [M]. 北京：清华大学出版社，2010.

[15] 杨顺勇，王学敏，查建华，等. 现代人力资源管理 [M]. 上海：复旦大学出版社，2006.

[16] 蔡会. 企业人力资源管理中的激励机制探讨 [J]. 中国商论，2019（13）：252-253.

[17] 贺洁. 基于 ERP 的采购业务管理与控制 [J]. 中国商论，2019（3）：201-202.

[18] 李立辉，王爽英. 大数据风险对企业商业模式创新影响机理研究 [J]. 经济论坛，2017（10）：62-66.

[19] 李文博. 大数据驱动情景下企业商业模式创新的发生机理——对 100 个大数据案例的话语分析 [J]. 科技进步与对策，2016，33（7）：30-35.

[20] 李文莲，夏健明. 基于"大数据"的商业模式创新 [J]. 中国工业经济，2013 (05)：83-95.

[21] 刘东山. 浅谈 ERP 实施 [J]. 商场现代化，2006 (26)：99.

[22] 刘胜杰. 浅谈 ERP 在企业变革中的意义 [J]. 现代商业，2019 (19)：146-148.

[23] 彭琳. 电子商务模式下的 ERP 系统功能扩展分析 [J]. 中国经贸导刊，2010 (12)：101.

[24] 于淼. ERP 的功能扩展及其应用现状 [J]. 商业研究，2002 (24)：27-28.